Gudrun Reinboth, 1943 in Berlin geboren, aufgewachsen in verschiedenen Städten Deutschlands und der Schweiz, Studium der Germanistik und Kunstgeschichte. Sie ist verheiratet und hat drei Kinder. Nach einigen Veröffentlichungen für Erwachsene (Lyrik und Erzählungen) wurde ihr der Dialog mit Kindern immer wichtiger. Für ihre Bücher „Keiner hat auf mich gewartet" und „Nenn mich noch einmal Jochanaan" erhielt sie Arbeitsstipendien des Förderkreises deutscher Schriftsteller in Baden-Württemberg. Im Verlag Die Schatzkiste wurden 2004 „In meinem Baumhaus wohnen die Raben" sowie 2005 „Drachensommer" neu aufgelegt.

Gudrun Reinboth

Keiner hat auf mich gewartet

Roman für Kinder

Dieses Buch erschien erstmals 1996 im Arts Verlag.

Weitere Informationen über den Verlag und sein Programm unter: www.verlag-die-schatzkiste.de

Bibliografische Information der Deutschen Bibliothek

Die Deutsche Bibliothek verzeichnet diese Publikation in der Deutschen Nationalbibliografie; detaillierte bibliografische Daten sind im Internet über <http://dnb.ddb.de> abrufbar.

September 2007
Verlag Die Schatzkiste
Ein Verlag der Buch&media GmbH, München

Illustrationen: Gudrun Reinboth
Umschlaggestaltung: Kay Fretwurst, Freienbrink, unter Verwendung einer Illustration der Autorin
Herstellung: Books on Demand GmbH, Norderstedt
Printed in Germany · ISBN 978-3-86520-273-4

Inhalt

1

Nina bekommt im Krankenhaus lieben Besuch – und Professor Matz ein Kissen ins Gesicht

Nina richtete sich in ihrem Krankenhausbett auf und lauschte.

Das war doch Adrians Stimme draußen auf dem Gang? Jetzt schon?

Sie hatte ihren großen Bruder erst viel später erwartet.

„He! Seid doch mal ruhig“, rief sie den Mädchen in den anderen fünf weißen Betten zu. „Ich will mal hören, ob das mein Bruder ist ...“

Aber die Kissenschlacht zwischen Christine, Lena und Antje tobte weiter, und so hörte Nina nur Bruchstücke der Unterhaltung auf dem Gang. Jetzt ertönte schallendes Gelächter. Das ging aber zu weit, fand sie. Da alberte Adrian draußen mit den jungen Schwestern herum, statt sofort zu ihr zu kommen. Das konnte sie doch wohl verlangen, nach all den schweren Monaten, die hinter ihr lagen?

„Nina!“ Mary-Ann aus dem Bett nebenan dachte auch nicht daran, den Mund zu halten.

„Pssst!“, machte Nina.

„Ich pssst gleich! Wenn du mir geben Micky-Mouse-Book zu lernen Deutsch a little more!“

Nina lächelte über das drollige Deutsch der kleinen Amerikanerin und warf ihr das Heft zu. „Hier! – Aber nachher frage ich dich deutsche Sätze ab, klar?“

„Oh, yes! – Ich kann schon: umpf, grummel, kreisch, tröööt, knurpsel –“

Nina beschloss, nachzusehen, was es draußen so Lustiges zu erzählen gab, rutschte vom Bettrand und angelte mit den bloßen Füßen nach ihren Pantoffeln. Dass Krankenhausbetten auch immer so hoch sein mussten! Sie glitt ab und saß plötzlich auf ihren Pantoffeln – gerade, als Adrian zur Tür hereinstürmte.

„Hallo, Schwesterlein! Machst du Bodengymnastik?“, rief er und half ihr beim Aufstehen. „Hast du dir wehgetan?“, wollte er dann wissen.

„Nein, nein! Überhaupt nicht!“, murmelte Nina und krabbelte schnell in ihr Bett zurück.

„So, jetzt kann ich dich erst richtig begrüßen!“ Adrian umarmte und küsste Nina. Sein blonder Bart kitzelte so, dass sie niesen musste.

„Hallo, mir auch kussen, Adrian!“, verlangte Mary-Ann lachend.

„Soll ich?“, fragte er und machte Anstalten, von Ninas Bettrand aufzustehen.

Mary-Ann verschwand quiekend unter ihrer Bettdecke. Zugleich ging ein Höllenspektakel los. Drei andere Mädchen kreischten und krähten durcheinander. „Mir auch kussen, Adrian! – Bitte, mir auch kussen!“

Adrian tat, als wolle er die Mädchen wirklich umarmen. Er sauste zwischen den Betten hin und her und tat fürchterlich enttäuscht, wenn jedes Mal der angesteuerte Mädchenkopf blitzschnell unter der Decke verschwand.

Nur die fünfjährige Britta in ihrem weißen Gitterbett in der Ecke wimmerte weiter vor sich hin.

„Ich glaube, wir hören lieber auf mit der Toberei!“ Adrian

keuchte und rang nach Luft. „Der Kleinen hier tut das bestimmt nicht so gut."

„Das ist Britta", sagte Nina. „Sie ist gestern am Blinddarm operiert worden und hat Schmerzen. Ihre Mutter kommt um zehn, hat sie gestern gesagt."

„Hallo, Britta!", rief Adrian.

Das kleine Mädchen weinte laut auf und wandte das Gesicht ab. Er strich ihr das schweißverklebte Haar aus der Stirn. Auch Nina, Christine und Lena kamen aus ihren Betten und versuchten, Britta zu trösten.

„Sie ist erst fünf", entschuldigte Nina sie.

„Ach", sagte Adrian, „ungefähr so alt wie die Kinder, die ich betreue. – Ich arbeite nämlich im Zivildienst in einem Behindertenkindergarten", erklärte er Lena und Christine.

„Wissen wir!", rief Lena. „Die Nina schwärmt doch dauernd von dir."

Adrian lachte, nahm einen kleinen, roten Plüsch-Esel aus Brittas Bett und ließ ihn auf dem Bettrand spazieren gehen.

„Miau!", ließ er den Esel schreien. „Was ist denn nur mit Britta los? – Miau, Miau."

Ungläubig wandte Britta sich um, nahm die Hände vom verweinten Gesichtchen und blinzelte ins Licht.

„Das ist mein Esel. Und der macht gar nicht Miau. Der macht I-a!"

„Prima!", sagte Adrian. „Jetzt weiß ich das. Und ich dachte schon, du kannst noch nicht sprechen."

„Kann ich aber doch!", bekräftigte Britta. „Wann kommt meine Mami endlich?"

„Gleich!", rief Anja vom Fenster her. „Ich hab schon ihr Auto gesehen. Sie muss noch einen Parkplatz suchen."

Zufrieden nahm Britta ihr rotes Eselchen in beide Arme und versuchte ein Lächeln.

„Warum konntest du denn heute schon am Vormittag kommen?“, fragte Nina, während sie wieder in ihr Bett kletterte.

„Ich musste etwas besorgen. Für ein Fest im Kindergarten. Und dir hab ich auch was mitgebracht. – Na, wo hab ich´s denn?“ Adrian wühlte in seinen weitläufigen Anoraktaschen.

„Was da alles zum Vorschein kommt!“, wunderte er sich.

Allerdings! – Verknüllte Taschentücher, eine prall mit Briefen seiner Freundin gefüllte Brieftasche, diverse Automatenfotos und Straßenbahnfahrscheine, eine klebrige Tüte mit gebrannten Mandeln, ein Personalausweis, an dem als besonderes Kennzeichen eine gebrannte Mandel klebte, und endlich: ein verknittertes Kaufhaustütchen.

„Da, bitteschön! Bei meiner perfekten Ordnung findet sich alles!“

Zum Vorschein kam ein Haarreifen aus leuchtend blauem Plastik.

„Das hilft dir vielleicht, deine Mähne zu bändigen! – Ist ja unheimlich gewachsen, dein Haar, seit du im Krankenhaus liegst!“

Nina nahm eine lange blonde Strähne in die Hand. „Ja, fünfzig Zentimeter hat Schwester Gisela gestern vom Scheitel bis zu den Spitzen gemessen.“

Sie hielt den Reifen gegen eine Haarsträhne. „Sieht schön aus, das Blau auf dem Blond. Vielen Dank. Gibst du mir bitte meinen Spiegel aus der Schublade?“

„Bitte sehr! – Jetzt kannst du dich bewundern.“

Nina setzte den Reifen so ins Haar, das er ihren viel zu langen Pony aus dem Gesicht hielt.

„Wie sieht denn das aus?“

„Ich weiß nicht. So sieht man noch deutlicher, wie schmal dein Gesicht geworden ist, und die Schatten unter den Augen fallen auch noch mehr auf.“

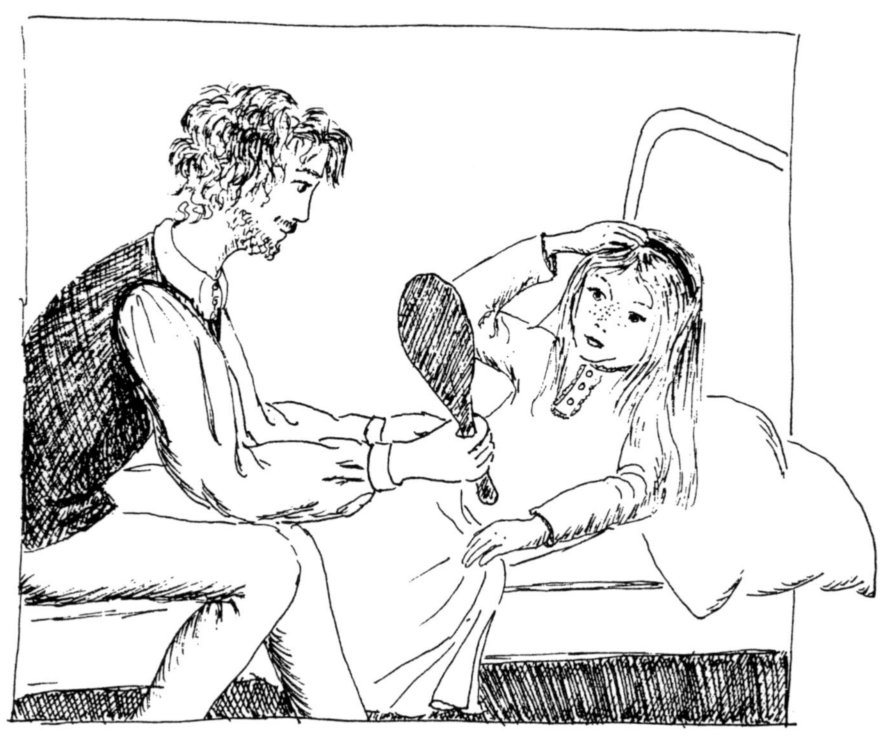

„Ich bin hässlich geworden“, meinte Nina.

„Ach, Quatsch, Nina – überhaupt nicht! Dein rundes Gesicht von früher mit den Apfelbäckchen war ja ganz niedlich, aber jetzt bist du richtig schön – nur so, dass man fast Angst um dich bekommt. Ein bisschen runder und rosiger darfst du ruhig wieder werden.“

Nina blickte aufmerksam in den Spiegel. Ihre graugrünen Augen schauten sie übergroß aus dem weißen Gesicht an. Nur die siebzehn Sommersprossen auf ihrer Nase erinnerten noch an die drollige Nina von früher.

„Ich seh ziemlich alt aus“, stellte sie fest.

„Klar!“ – Adrian lachte. „Mindestens wie eine reife Dame von elf Jahren. – Bevor du krank geworden bist, hast du noch ausgesehen wie achtjährig, und du hast dich geärgert, wenn die Leute dich dann auch behandelt haben, als wärst du noch so klein.“

Nina zog Adrian zu sich heran und versuchte, das Schnurren einer Katze nachzuahmen. In diesem Moment war sie sehr zufrieden damit, einen so viel älteren Bruder zu haben.

„Leider muss ich jetzt gehen“, sagte er.

„Nein! – Ich lass dich nicht weg!“

„Meine Kindergartenkinder brauchen mich doch! – Außerdem darfst du ja morgen nach Hause. Ich habe vorhin deinen Arzt getroffen …“

„Den Hemdenmatz?“, unterbrach Nina.

„Dr. Matz, wenn ich bitten darf!“, verbesserte Adrian und bemühte sich, erzieherisch auszusehen. „Außerdem ist er neuerdings Professor. Also: Pro-fes-sor Dok-tor Matz! – Wiederhole!“

„Pro-fes-sor Dok-tor – Hemdenmatz!!“

Adrian griff sich stöhnend an die Stirn. „Hoffnungslos. Ein hoffnungsloser Fall, werde ich Professor Hemdenmatz sagen …“

Großer Jubel brach im Krankenzimmer aus.

„Jetzt hast du selber Hemdenmatz gesagt!“

„Alberne Bande! – Ich gehe! – Gehabt euch wohl!“

Ein Kissen flog hinter ihm her, traf aber nur noch die Tür. Sie öffnete sich sofort wieder. Adrian steckte den Kopf herein und rief: „Also, noch mal ganz langsam. Zum Nachschreiben für Analphabeten: Pro-fes-sor Dok-tor Matz!“

Die Tür fiel zu, gerade ehe ein weiteres Kissen den Türrahmen traf. Wenige Sekunden später wurde sie erneut geöffnet.

Patsch! traf Ninas Kissen den Hereinkommenden mitten ins Gesicht.

„Tooor!“, jubelte Lena.

„O, nein! – Der Hemdenmatz!“ Nina schlug die Hände vor das Gesicht.

„Jawohl, der Hemdenmatz“, sagte der Lieblingsarzt der Kinder und bemühte sich, ein strenges Gesicht zustandezubringen.

Wie immer trug er statt des weißen Kittels ein leuchtend buntes Hawaii-Hemd.

„Entschuldigung, Herr Professor M-Matz!“, murmelte Nina kleinlaut.

„Sie denken, ihr Bruder noch mal reinkommen!“, kam Mary-Ann ihr zu Hilfe.

„Dir geht es wohl schon glänzend, Nina! – Hier hast du dein Kissen wieder. Und pass nächstes Mal auf, wen du damit so freudig begrüßt!“

Professor Matz ließ sich auf dem Stuhl neben Ninas Bett nieder.

„Also, Nina, du darfst ja morgen nach Hause. Freust du dich?“

„Ich weiß nicht. Ich bin ja noch immer so krank.“

„Ja, aber wenigstens wissen wir nun endlich, was du hast. Und du wirst sehen, die Mittel, die ich dir aufgeschrieben habe, helfen dir ganz schnell.“

Nina blickte ihn zweifelnd an. „Also, meine Speiseröhre ist ganz stark entzündet. Genau da, wo sie in den Magen reingeht, so dass alle zuerst gedacht haben, mein Magen wäre krank.“

„Ja, deshalb hat es mit den Untersuchungen so lange gedauert. Wir waren alle zuerst auf der falschen Spur.“

„Vier Monate! Seit den Sommerferien!“, sagte Nina vorwurfsvoll. „Kann das wirklich von dem Reinigungsmittel in der Softeis-Maschine oder von dem verdreckten Baggersee gekommen sein, in dem ich gebadet habe?"

„Wir wissen es nicht. Irgendeine Säure hat deine Speiseröhre angegriffen, und nun ist sie entzündet. Und niemand weiß, warum wir in deinem Blut so viel Blei und Quecksilber und andere Gifte gefunden haben."

„Wann geht das weg? – Es tut so wahnsinnig weh beim Essen."

„Nina! Ich will dir keine Märchen erzählen. Es braucht viel Zeit, bis das heilt. Viel von dem Zeug kann man aus dem Blut wieder ausschwemmen. Dafür sind die Medikamente, die du mitbekommst. Aber es geht dir doch jetzt schon besser als vor vier Monaten, als alles angefangen hat, und in vier Monaten wird es dir wesentlich besser gehen als jetzt. Und eines Tages bist du wieder gesund."

„Ja! Irgendwann in hundert Jahren. Ich will aber gleich gesund sein. Sofort! Ich hab dauernd Hunger und trotzdem Angst vorm Essen. Ich möchte auch mal wieder was anderes essen als Babybrei und diese flüssige Eiweiß-Pampe! Und höchstens als Abwechslung eingeweichten Kuchen und matschiges Brot! – Ich krieg den scheußlichen Mampf nicht mehr runter!"

„Du musst, Nina, das weißt du doch auch. Du hast seit dem Sommer acht Kilo abgenommen. Man sieht dich ja fast nicht mehr!"

„Lieber will ich gar nicht mehr da sein, als diesen Fraß schlucken und dann doch jedes Mal Schmerzen kriegen!"

Laut schluchzend zog sich Nina die Bettdecke über den Kopf.

„Nina! – Nina …", begann Professor Matz ratlos.

Das Weinen unter der Bettdecke verstummte. Fast glaubte Professor Matz, so etwas wie ein Kichern zu hören.

„Ich glaube, Sie haben Ihren Text vergessen!", schallte

es dumpf unter der Decke hervor „Das muss heißen: Du bist doch schon so ein groooooooßes und vernüüüüünftiges Mädchen …“

Professor Matz zog die Decke von Ninas Gesicht weg und lachte sie an: „Du schaffst es, Nina! Wahrscheinlich viel schneller, als du denkst, wenn du weiter so viel Humor hast! – So, ich muss jetzt gehen. Schwester Gisela bringt dir nachher noch deine Rezepte. – Und pass mit deinem Kissen ein bisschen auf, wenn sie reinkommt, ja?“

Eine Familie versucht, leise zu sein, die Blumenfrau dreht durch und manche Freunde sind sehr merkwürdig

Nina genoss es, dass ihre Eltern aus ihrer Heimkehr eine kleine Feier machten. Papa trug sie zur Wohnungstür herein und setzte sie erst im Wohnzimmer vor dem festlich gedeckten Esstisch ab, auf dem ein großer Strauß roter Tulpen leuchtete.

„Zweites Frühstück, mein Schatz!", rief Mama. „Den Gugelhupf hat Papa gebacken. Nur mit Fruchtzucker. Sicher verträgst du ein Stück davon."

Voller Misstrauen betrachtete Nina das Backwerk. Es gab so vieles, was ihre Speiseröhre von Neuem reizen und Schmerzen und Übelkeit verursachen konnte. Aber sie wollte Papa nicht enttäuschen und legte sich ein schmales Stück auf den Teller.

„Möchtest du kein größeres? Du hast sicher heute Morgen im Krankenhaus wieder nichts gegessen", sagte Papa.

„Der Kuchen ist ganz weich. Er tut dir bestimmt nicht weh beim Schlucken", erklärte Mama.

Nina hörte die Angst aus den Stimmen ihrer Eltern heraus. Seit sie ständig an Gewicht verlor, versuchten sie ihre wachsende Verzweiflung hinter fröhlichen Gesichtern zu verstecken. Sie taten ihr leid und waren dennoch schwer zu ertragen mit ihren unermüdlichen Bitten: „Nur noch ein paar Löffelchen. Nur noch ein paar Bissen, Kind. Du hast ja schon wieder wie ein Spatz gegessen. Oder möchtest du vielleicht lieber ... Ich bringe dir auch gern ...“, und so weiter.

Sie legte so viel Überzeugungskraft wie nur möglich in ihre Stimme: „Aber nein, Papa! Natürlich habe ich heute Morgen was gegessen. Milch und Weißbrot ohne Rinde.“ Es war wohl nicht nötig, zu beschreiben, wie winzig das Stück Weißbrot gewesen war.

Nach dem kleinen Kuchenstück begannen die Schmerzen wieder, obgleich Nina mit viel lauwarmem Tee nachgespült hatte, damit ja kein Krümelchen an der empfindlichen Stelle in der Speiseröhre hängen blieb. Sie krümmte sich vor Schmerzen, ihr war übel und das Atmen fiel ihr schwer. Mama nahm sie auf den Schoß und streichelte sie, während Papa ratlos daneben stand und bekümmert meinte: „Das war also auch nicht so gut mit dem Kuchen. Was können wir ihr denn noch geben? Wieder die Flüssignahrung? Sie muss doch was essen.“

Nach ungefähr einer halben Stunde ließen die Schmerzen nach. Papa machte Nina mit Decken und Kissen ein Bett auf der Couch im Wohnzimmer, weil sie nicht allein in ihrem Zimmer bleiben wollte. Mama musste noch einen Artikel für die Zeitung fertig schreiben, bei der sie als Journalistin arbeitete, und zog sich an ihren Schreibtisch im Elternschlafzimmer zurück.

Papa ist doch ein ganz guter Hausmann geworden, fand Nina, während sie ihm beim Wegräumen des Geschirrs zusah. Seit er vor zwei Jahren seine Arbeitsstelle verloren und trotz aller Bemühungen keine andere gefunden hatte, arbeitete er im Haushalt. Mama hatte vor zwei Monaten endlich eine feste Anstellung bei einer Tageszeitung bekommen. Dort musste sie nachmittags arbeiten, damit die Zeitung jeden Morgen rechtzeitig auf dem Frühstückstisch der Leser lag. Oft schliefen Nina und ihr achtjähriger Bruder Benjamin schon, wenn ihre Mutter spät abends nach Hause kam. Adrian, der seine behinderten Schützlinge auch über Mittag betreuen musste, kam nachmittags um fünf nach Hause. So sah sich die Familie Baumgarten oft nur vollzählig beim Frühstück, und auch dann nicht immer, weil Adrian sich oft erst in allerletzter Minute aus den Federn wälzte.

Nina lächelte beim Gedanken daran, was sie schon alles angestellt hatte, um ihren großen Bruder zum Aufstehen zu bewegen. Das Wegreißen der Bettdecke oder ein nasser Schwamm im Gesicht machten ihm schon lange keinen Eindruck mehr. Man musste ihm schon zu Kohle verbrannten Toast und eiskalten Kaffee androhen. Manchmal half es nur noch, im Radio Schlagermusik zu suchen und dann die größte Lautstärke einzustellen! Und schon sprang Adrian, der Schlager hasste, mit Wutgebrüll aus dem Bett, während Nina kichernd ins Wohnzimmer flüchtete.

Als Nina gerade anfing, das Buch, das Papa ihr hingelegt hatte, spannend zu finden, klingelte es Sturm an der Wohnungstür. Papa öffnete und wurde, den Geräuschen nach, beinahe von Benjamin überrannt. Mit Gepolter flog der Schulranzen gegen die Flurwand. Papa sagte irgendwas, aber Benjamin schrie: „Lass mich vorbei, Papa! – Ich muss mal! Ich mach gleich in die Hose!“

Krach! – Die Badezimmertüre flog zu. Die Fensterscheiben im Wohnzimmer vibrierten.

„Ist Nina schon da?“, brüllte Benjamin durch die geschlossene Türe.

„Ja, Nina ist da!“, brüllte Papa zurück. „Darum sollst du ja nicht so´n Krach machen!“

Nina grinste und fühlte sich so richtig zu Hause. Niemand war leise, nicht einmal Mama, obgleich sie die anderen dauernd zur Ruhe mahnte. In dem großen Haus mit sechzehn Wohnungen und sehr verschiedenen Nachbarn über, unter und neben sich wollte Ninas Familie eigentlich rücksichtsvoll sein, aber das gelang nur sehr unvollständig.

Gut, dass unter uns Familie Tschirrman wohnt, dachte Nina. Ihre beiden kleinen Jungen waren auch nicht gerade leise. Die Leute über ihnen waren den ganzen Tag nicht zu Hause. Aber Frau Lauer nebenan, die zwar schwerhörig war, klopfte manchmal verärgert an die Wand, wenn sich Familie Baumgarten in ihrer ganz normalen Familienlautstärke unterhielt. Dann brüllte Papa: „Entschuldigung, Frau Lauer!“ Nina schrie: „Tut mir schrecklich leid, Frau Lauer“, und Benjamin klopfte in Morsezeichen „Pardon“ an die Wand. Meistens schrie Mama ihre liebe Familie dann auch noch an: „Ruhe, ihr Bande! Euch ist wohl nicht mehr zu helfen!“, und knallte wütend die Tür hinter sich zu.

Zum Glück gab es auch noch das alte Ehepaar Becker im Erdgeschoss, das blindlings jedes Familienmitglied des kleinen Benjamin verteidigte, in den sie ganz vernarrt waren. Da sie selbst keine Enkelkinder hatten, beschenkten und verwöhnten sie den Kleinen, wo sie nur konnten. Nina erinnerte sich amüsiert an die Aufregung, als Benjamin die hirnrissige Idee gehabt hatte, eine hölzerne Boccia-Kugel vom fünften Stock das ganze Treppenhaus runterkullern zu lassen. Die Kugel hatte ihm auch den Gefallen getan, die Kurven hüpfend und von den Wänden abprallend zu überwinden und bis ins Erdgeschoss zu poltern. Der Erfolg war überwältigend gewesen: Fast alle Bewohner hatten wütend ihre Flurtüren aufgerissen und Benjamin angebrüllt. Nur Frau Becker hatte den „armen kleinen Benjamin“ verteidigt, der sich in ihren Flur gerettet hatte. So aufgeweckte

Kinder wie Benji hätten nun einmal einen großen Forschungsdrang, und es sei brutal, sie daran zu hindern!

Ninas kleiner Bruder roch angenehm nach Seife und Mamas Eau de Cologne, als er nach längerem Aufenthalt im Bad zu ihr ins Wohnzimmer kam. „Niiinaaa!“, schrie er begeistert, riss die Tür auf, dass sie gegen die Wand krachte, sah sie auf dem Sofa liegen, erinnerte sich, dass sie noch nicht gesund war, schloss die Tür ungewöhnlich leise wieder und näherte sich ihr auf Zehenspitzen.

„Oh, Nina! – Bist du denn immer noch krank? Ich dachte, du bist gesund, wenn du aus dem Krankenhaus kommst?“

„Das dauert noch eine Weile, bis ich wieder richtig gesund bin. Aber du brauchst trotzdem nicht so leise zu sein. Sonst denke ich, du bist krank!“

Erleichtert ließ Benjamin sich auf einen Sessel fallen.

„Was haben die Ärzte mit dir noch gemacht, vorgestern, als du die Narkose gekriegt hast?“

„Da haben sie mit einer Art Rohr in meine Speiseröhre reingeschaut und gesehen, dass sie ganz entzündet ist, hier, an dieser Stelle.“

„Tut das sehr weh?“, fragte Benjamin teilnahmsvoll.

„Immer, wenn ich was esse. Und dann noch eine Weile danach.“

„Arme Nina! – Warte mal; ich hab dir was mitgebracht!“

Er sprang auf – Krach! – Die Türe! – Benjamin schaffte es, Türen mit fast ebenso viel Lärm aufzureißen, wie sie wieder zuzuschmettern. Gleich darauf rumpelte es. Benjamin schleifte seinen Schulranzen an einem Riemen hinter sich her und kippte den Inhalt auf den Teppich. Schließlich förderte er ein paar zerdrückte Schneeglöckchen zutage. „Hier! Extra für dich geklaut! Aus dem Stadtpark!“

Nina lachte und bedankte sich überschwänglich. Dann stand sie auf und stellte die Blümchen in einem Likörglas auf den Tisch. Papa, der gerade mit einer Schüssel Spaghetti hereinkam, wurde von Benjamin gleich auf diesen großartigen Tischschmuck aufmerksam gemacht. Papa bewunderte die sechs Glöckchen gebührend.

„Dabei ist es erst Januar. Die spielen schon Frühling."

Es war bisher ein milder Winter gewesen. Geschneit hatte es nur einmal, an einem Schultag, und als mittags die Kinder aus der Schule kamen, mussten sie schon durch graubraunen Matsch stiefeln. Nina hatte es vom Krankenhausfenster aus gesehen. So hatte sie wenigstens keinen Schlittentag verpasst. Aber es war dennoch schlimm für sie gewesen, die ganze Adventszeit im Krankenhaus zu liegen. Nachdem sie seit dem September nur noch unter Schmerzen hatte essen können und niemand herausfand, woran das lag, war plötzlich auch noch eine Blinddarmoperation nötig geworden. Ausgerechnet am ersten Advent.

Zuerst hatten alle gehofft, die ganzen Beschwerden wären vom Blinddarm gekommen, weil solche Schmerzen manchmal in alle Richtungen ausstrahlen. Als es ihr aber nach der Operation immer noch nicht besser ging, wurden manche Ärzte und Schwestern ärgerlich auf sie und meinten, sie wäre nur überempfindlich und ganz besonders wehleidig. Nur Professor Matz tröstete sie immer wieder und versprach ihr, die Ursache ihrer Krankheit herauszufinden. Als Nina nach zehn Tagen drei Kilo leichter geworden war und der Schnitt im Bauch zu eitern anfing, statt zu heilen, musste Professor Matz eine ganze Reihe neuer Untersuchungen anordnen, die zum Teil sehr weh taten oder Nina wegen der fremdartigen Geräte und unheimlichen Maschinen Angst machten. Aber jetzt achteten Ninas Eltern und der Professor darauf, dass es Nina immer genau erklärt wurde, wozu wieder einige Reagenzgläser voll mit ihrem Blut nötig waren oder warum man sie an eine Maschine anschließen musste.

Weihnachten hatte Nina zu Hause verbringen dürfen. Danach war es ihr sehr schwer gefallen, dass sie noch zu weiteren Untersuchungen in die Klinik zurückmusste. Aber nun hatte man endlich gesehen, wo das Übel saß, wenn auch nicht, woher es kam. Falls wirklich ein Gift Ninas Speiseröhre verätzt hatte, so lag das nun auch zu lange zurück, um es noch festzustellen.

„Aufhören!“, befahl Nina ihren Gedanken, als sie merkte, wie wieder die hilflose Wut aus den Krankenhaustagen in ihr aufstieg, wenn Schwestern ungeduldig mit ihr gewesen waren, weil es eine solche Krankheit „einfach nicht gab“, wie sie meinten. Zuletzt waren sie dann freundlicher geworden ...

Benjamin rüttelte sie am Arm. „He, Nina! Hörst du überhaupt zu?“

„Klar!“, sagte Nina, „erzähl doch weiter!“, und versuchte, sich zu erinnern, was Benjamin bisher so aufgeregt hervorgesprudelt hatte.

„... und da sind sie in den Laden gegangen, und da hat der Hendrik gesagt, ob er einen Strauß Butterblumen haben kann, und da hat die Frau gesagt, so was hat sie nicht. Und da wollte der Hendrik wissen, ob das nun ein Blumenladen oder ein Saftladen ist, wenn man da nicht mal ganz einfache Blumen kaufen kann. Da hat die Blumenfrau gebrüllt, die sollten machen, dass sie rauskommen! Und die sind ganz schnell rausgerannt! Draußen stand ich noch mit der Maren und dem Bernd, und wir haben uns fast kaputt gelacht, als die alles erzählt haben. Dann haben wir uns was Neues ausgedacht. Jetzt musste ich mit der Maren rein. Ich hab gesagt, dass ich einen Strauß für den Geburtstag von meiner Mama brauch und wir haben zehn verschiedene Blumen ausgesucht und zu einem Strauß zusammenbinden lassen, und als der fertig war, hab ich gesagt ach je, jetzt habe ich mein Geld vergessen! Leider hat die Maren dann gekichert, und da hat die Blumenfrau gemerkt, dass wir sie bloß reinlegen wollten! Da hat sie einen Besen geschnappt und wollte uns damit verkloppen. Aber wir sind schnell rausgerannt und sie ist uns bis auf die Straße nachgekommen. Da sind wir alle bis um die nächste Ecke gerast. Wir haben so gelacht …"

„Aber Benjamin!", unterbrach Nina, „das könnt ihr doch nicht machen!"

„Doch!", sagte Benjamin voller Überzeugung. „Weil die alte Schreckschraube doch vorher ihren Hund verdroschen hat. Mit einem Stock! – Aber du hast ja doch nicht zugehört!"

Papa rief zum Mittagessen. Nina musste es auf später verschieben, Benjamin zu erklären, dass seine Frechheiten vielleicht auch nicht die richtige Methode waren, um Tiere zu schützen.

Eben kam auch Mama herein, ließ die Türe hinter sich zufallen, warf sich voller Schwung auf ihren Stuhl und rief: „Fertig, dieser langweilige Artikel über die Städtischen Wasserwerke!"

Es gab Spaghetti mit Tomatensoße. Nina wagte nur Spaghetti zu essen, da sie fürchtete, die Säure der Tomatensoße könnte ihr schaden. Es war so gut, wieder zu Hause zu sein. Selbst trockene Spaghetti am Wohnzimmertisch mit den Eltern und Benjamin waren wunderbar im Vergleich zu allem, was hinter ihr lag. Zwar kamen gleich danach die Schmerzen, aber Papa nahm Nina in die Arme, und niemand machte blöde Bemerkungen über eingebildete Kranke.

Benjamin lehnte seinen Kopf an Papas Schulter und streichelte Nina, und Mama kochte ihr einen Kamillentee, bevor sie in die Redaktion fahren musste. So kämpfte sie sich durch die Schmerzen. Sie wusste, sie würden aufhören, spätestens in einer halben Stunde. Zu Hause war es leichter, an das Ende der Schmerzen zu denken und sogar schon zu überlegen, was sie danach tun wollte: ein paar Klassenkameraden anrufen! Das war es, was sie sich jetzt am meisten wünschte.

Vor allem wollte sie die Stimmen von Annika und Jens hören, die im Gymnasium ihre besten Freunde waren. Und Mirjam wollte sie sprechen, die Freundin aus der Grundschule, die jetzt in die Realschule ging und dort nur schwer Freunde fand.

Als Erstes rief sie bei Annika an, aber sie war nicht zu Hause. Dann versuchte sie es mit Mirjam. Mirjam war begeistert, dass Nina nicht mehr im Krankenhaus war, aber leider hatte sie für die nächsten Nachmittage Verabredungen mit einem Mädchen aus ihrer Klasse.

„Ich glaube, ich finde jetzt doch eine Freundin!“, erzählte sie glücklich. „Man braucht schon jemand aus der eigenen Klasse. Für Schularbeiten. Und mit wem soll man sonst über die Lehrer lästern?“

„Find ich toll, dass du jetzt jemand gefunden hast!“, sagte Nina. Sie freute sich wirklich für Mirjam. Hatte sie ihr nicht immer wieder zugeredet, doch einmal von sich aus auf die anderen zuzugehen und nicht immer schüchtern abseits zu stehen? Warum spürte sie dann diesen merkwürdigen Schmerz tief vom Bauch herauf bis zur Kehle?

Für den Samstag Nachmittag verabredeten sie sich miteinander. Nina freute sich auf Mirjam, die gern friedliche und ruhige Spiele spielte, die nicht so anstrengend waren. Sie fühlte sich doch noch recht schwach und wackelig auf den Beinen.

Als Nächsten rief sie Jens an. Es war seiner Stimme anzuhören, wie froh er war, dass sie endlich wieder zu Hause war.

„Bringst du mir die Hausaufgaben?“, bat Nina. „Ich will ja bald wieder in die Schule. Vielleicht komme ich am Montag.“

„Die Hausaufgaben? – Äh, – ja, – die kann ich dir auch am Telefon erklären. Warte mal, ich hol mal meine Schulmappe ...“

„Hast du denn keine Zeit herzukommen?“, fragte Nina.

„Och“, – Jens hörte sich deutlich verlegen an. „Och, weißt du, es wär´ halt blöd, wenn der Dirk oder der Peter mich sehen würden. Die lachen sich kaputt, wenn ich zu einem Mädchen gehe.“

„Haha! Jetzt spinnst du aber! Da hast du dir doch noch nie was draus gemacht, was die sagen!“

„Ja, äh – weißt du, Nina – das ist so: Äh … wie soll ich das erklären. Äh – ich würde ja gern kommen, wenn ich genau wüsste, dass niemand es sieht. Aber wir haben jetzt so einen Verein gegründet, nur für Jungen. Ja, und da muss jeder versprechen, nicht mehr mit Mädchen zu spielen. Dirk und Peter sind dabei und noch vier andere."

„Also, Jens! – Ich hätte nicht gedacht, dass du da mitmachst. Das muss ja ein bescheuerter Verein sein!"

„Ist er aber nicht! Überhaupt nicht! Da sind alle dabei, mit denen ich sowieso gern spiele. Wenn ich da nicht mitmache, bin ich ganz allein!"

„Na, ja, kann ich irgendwie verstehen. Aber versuch doch mal, die anderen dazu zu bringen, auch Mädchen mitmachen zu lassen."

„Das schaffe ich nie!"

„Man soll nie ‚nie´ sagen! – Wie heißt denn euer komischer Verein?"

„Äh … ja hm … Verein der … Weiberfeinde!" – Jens genierte sich hörbar.

Nina lachte schallend: „O, nein! Jens! Das kann doch wohl nicht wahr sein! Wo wir seit Jahren zusammen gespielt haben. Hast du das vielleicht blöd gefunden?"

Jens stotterte vor Verlegenheit: „Ach, Nina! K-k-lar fafafand ich das gut. Aber wawawas sollte ich d-d-denn machen? Ich wäre doch sonst allein. Und du warst schrecklich lange weg. Wie geht es dir überhaupt?"

Nina erzählte von den vielen Untersuchungen und wie es ihr jetzt nach jedem Essen ging. Das schien Jens zu rühren, denn auf einmal sagte er: „Du, Nina, ich komme doch. Nachher kurz nach fünf. Da sind alle beim Handball, und keiner sieht mich. Ich habe mir den Daumen verstaucht und kann deshalb nicht Handball spielen."

Nina freute sich. In den letzten Wochen hatte sie niemand

mehr von ihren Mitschülern gesehen. Zuerst war die Klasse ins Krankenhaus gekommen, und das Herumtoben und Kichern und Durcheinanderreden war ziemlich anstrengend für sie gewesen. Dann waren die Besuche seltener geworden und schließlich ganz ausgeblieben.

Sie versuchte es noch bei Kata und Rina, mit denen sie immer gern gespielt hatte, wenn die jeweils „beste Freundin" gerade keine Zeit hatte. Sie hießen beide Katharina, waren seit Jahren eng miteinander befreundet und nannten sich zur Unterscheidung jede mit einem Teil ihres Vornamens.

Aber natürlich waren Kata und Rina miteinander verabredet. Morgen, – nein, morgen ging es auch nicht. Da wollten die beide zusammen ins Kino.

„Mist!", murmelte Nina ärgerlich. Sie hatte sich so auf die anderen Kinder gefreut, und nun hatte niemand Zeit.

Sie vertrödelte den Nachmittag, las ein wenig in ihrem Buch, versuchte englische Vokabeln zu lernen und spielte schließlich so unaufmerksam „Mensch ärgere dich nicht" mit Benjamin, dass der kleine Bruder zweimal nacheinander gewann.

„Du passt ja gar nicht auf!", warf er ihr vor. „Dauernd schaust du nur auf die Uhr!"

„Ich warte auf Jens. Er kommt kurz nach fünf. Wollen wir noch eine Runde spielen?"

„Nöö! – Ist ja doof, wenn du mich immer gewinnen lässt!", maulte Benjamin und räumte das Spiel ein.

Endlich kam Jens. Er strahlte und schüttelte Nina so ausdauernd die Hand, dass sie sich heimlich danach eine ganze Weile das Handgelenk massieren musste.

„Du bist ja schon wieder gewachsen!", staunte sie.

„Ja! Leider! Was glaubst du, was meine Eltern darüber jammern, dass mir keine einzige Hose mehr passt! Ich bin jetzt schon so groß wie meine Mutter, ein Meter vierundsechzig!“

„Ach, du Schreck! Das hol ich nie ein! Ich bin erst einszweiundvierzig groß!“

„Macht doch nichts! – Zu dir sind die Leute bestimmt viel netter. Bei mir heißt es bloß immer: ‚So´n langer Lulatsch und noch so kindisch!‘ – Ich kann mir doch kein Schild umhängen: Bin erst elf!“

„Solltest du aber!“ Nina lachte. „Und auf dem Rücken noch eins: Bitte nicht füttern!“

„Menss! – Tu mir nich ärgern! – Sons bums! fäll ich um, bin ich tot!“, quäkte Jens mit Kleinkinderstimme.

Ninas Gesicht war ein einziges Fragezeichen.

„Ich habe nur meinen kleinen Bruder zitiert“, bemerkte Jens würdevoll. „Wollen wir jetzt mal schnell die Hausaufgaben machen?“

Kurz danach saßen sie am großen Esstisch und arbeiteten. Schnell ging es allerdings nicht. Bis Jens in seiner bedächtigen Art alles erklärt hatte, war Nina meist selbst schon auf die Lösung gekommen. Aber sie wollte ihn nicht unterbrechen. Sie wusste, wie schnell er dann den Mut verlor, überhaupt noch etwas zu erklären.

Plötzlich sprang Jens auf. Sein Stuhl kippte polternd nach hinten um.

„Mensch!“, schrie er. „Der Kinderkrimi. Ich wollte unbedingt die Fortsetzung … es hat schon angefangen. Können wir …“

„Klar!“, sagte Nina und schaltete den Fernseher ein. Insgeheim war sie enttäuscht. Sie hatte sich darauf gefreut, sich nach den Hausaufgaben mit Jens zu unterhalten. Sie brannte darauf zu erfahren, was sich alles in ihrer Abwesenheit in der Schule ereignet hatte. Gerne hätte sie auch von sich erzählt. Es wurde ihr jedes Mal leichter ums Herz, wenn sie von ihren Ängsten und Schmerzen erzählen konnte.

Jens packte Nina am Arm und deutete aufgeregt auf die Mattscheibe. „Das ist das Mädchen, das entführt worden ist. Ihr kleiner Hund hat eine Botschaft aus dem Keller geschmuggelt, und jetzt versuchen ihre Freunde … nee, eigentlich wissen die ja noch gar nichts. – Also, die Verbrecher haben den Hund – oder eigentlich ist der Hund in die falsche Richtung, und da …“

Nina lachte. „Lass nur, Jens! Pass lieber auf, wie´s weitergeht. Ich komme schon irgendwie rein in die Geschichte …“

3

Von Schulschwierigkeiten, durch die Luft fliegenden Murmeln und dem Auftritt einiger Sumpfkröten

Ninas Mutter hatte sie zur Schule gefahren. Schon vorher waren die Eltern bei allen Lehrern gewesen, um ihnen zu erklären, dass Nina noch nicht ganz gesund war und vielleicht manchmal noch zu schwach, um einen ganzen Unterrichtsvormittag durchzuhalten.

Vor der ersten Stunde war sie von ihren Mitschülern umringt.

Sie zeigte ihnen die Medikamente, die sie mithatte, und die Teeflasche, die sie brauchte, um von Zeit zu Zeit die Speiseröhre frei zu spülen.

„Eine Kindergartenflasche, hihi!“, Kata grinste.

„Hast du da Babymilch drin? Wo hast du denn deinen Schnuller gelassen?“, krähte Rina.

Jens gab Rina einen Stoß, dass sie unsanft gegen Kata flog.

„Blödmann!“, schrie Rina.

„O, Entschuldigung, Rinalein. Ich wusste nicht, dass du so wackelig auf den Beinen bist!“, spottete Jens. „Ich habe dich bloß ganz sanft angetippt!“

„Blöder Kraftprotz! – Wo du hintippst, geht alles kaputt! Genau wie bei Obelix!“, wütete Rina.

„Genauso dämlich wie Obelix!“, ergänzte Kata.

„Trottel-Jens passt auf Nina-Baby auf!", schrie Rina.

„Klappe, ihr Sumpfkröten!", brüllte Jens. „Euch möchte ich mal sehen, wenn ihr solche Schmerzen hättet wie Nina! Da würdet ihr die ganze Zeit nach eurer Mami jaulen!"

Rina versuchte, Jens einen Fußtritt zu versetzen, dem er aber geschickt auswich.

Kata grölte: „Jens liebt Nina, Jens liebt Nina! Da lachen ja die Hühna!"

Ein paar andere Stimmen fielen ein: „Jens liebt Nina…!"

Peter zog Jens derb am Arm. „Nun hör schon auf, mit den Mädchen rumzuquatschen. Hörst ja, dass die Weiber alle blöd sind!"

„Vor allem die Kata und die Rina! – Wenn ich so schwachsinnige Verse machen würde, dann würd' ich mir eigenhändig 'ne Mülltonne an die Füße hängen und in den Neckar springen", rief Jens, während er sich in seine Jungengruppe zurückzog.

Eben erschien Annika in der Tür des Klassenzimmers. Nina rannte ihr entgegen. „Hallo, Anika!"

„Hallo! Nina!", grüßte sie zurück. „Endlich bist du wieder da!"

Nina zog ein winziges Päckchen aus der Hosentasche. „Hier! Für deine Sammlung!"

Annika sammelte kleine Katzen aus Glas, Ton, Holz und Porzellan. Nina hatte am Tag zuvor ein Kätzchen aus Bastgeflecht im Papiergeschäft entdeckt und gleich für die Freundin gekauft.

Es läutete zur Stunde.

„Danke!", sagte Annika hastig, steckte das Päckchen ungeöffnet in die Tasche und wandte sich an Kata und Rina, die in der Bank hinter Nina und Annika saßen.

„He, was habt ihr in Mathe 'rausgekriegt? Ich hab´ da ewig dran gesessen. Kann ich mal ein Heft haben?"

Kata kramte umständlich in ihrer Schulmappe. Nina schob Annika ihr Matheheft hin. „Hier, ich habe die Aufgaben auch. Soll ich sie dir schnell erklären?"

„Danke!", sagte Annika und machte Anstalten, die Ergebnisse aus Ninas Heft abzuschreiben.

Kata schlug ihr mit ihrem Heft auf den Kopf: „He! Was ist los? Brauchst du etwa mein Heft nicht mehr?"

Annika zog den Kopf ein. „Doch, klar!", sagte sie ängstlich. „Vielen Dank, Kata!" Sie schob Ninas Heft weg und verglich ihre Aufgaben mit denen von Kata.

Inzwischen war Frau Weller, die Klassenlehrerin, die Biologie und Englisch unterrichtete, in der Tür erschienen. Sie blieb dort stehen und ließ eisige Blicke über das Klassenzimmer schweifen. Wer noch nicht saß, schoss mit einem Hechtsprung auf seinen Platz.

„Good morning, Mrs. Weller!", grüßte die Klasse im Chor. Sie fauchte ein ungnädiges „Good morning" zurück und erinnerte in scharfen Ton daran, dass jeder beim zweiten Läuten auf seinem Platz zu sitzen habe.

Dann begann sie mit dem Unterricht. Nina war enttäuscht. Zwar war Frau Weller in der ganzen Schule wegen ihrer Strenge bekannt, aber sie hätte doch wenigstens ein freundliches Wort, eine kleine Begrüßung erwartet. Es war ein so großes Ereignis für sie, hier endlich wieder wie ein gesundes Kind zu sitzen. Eigentlich, so dachte sie, hatte sie sogar ein Lob dafür verdient, dass sie hier war, nachdem sie sich durch die Schmerzen nach dem Frühstück durchgekämpft hatte und es ihr immer noch ziemlich übel war.

Rina machte sich an ihrem Pferdeschwanz zu schaffen. „Komm, lass den Quatsch!", zischte Nina.

„Nina! Schau bitte nach vorn!", kam sofort die trockene Anweisung von Frau Weller.

Nach einer Weile spürte Nina wieder, wie Rina an ihren

Haarspitzen nestelte. Da es nicht weh tat, ließ sie es erst einmal geschehen.

„Was ist in diesem Satz Prädikat, Nina?“, fragte Frau Weller.

Bei ihr mussten die Schüler zum Antworten aufstehen. Sie hielt das für eine gute Übung, das Einschlafen im Unterricht zu verhindern. Als Nina aufstand, spürte sie einen Zug im Haar, und gleich darauf gab es ein großes Geschepper. Rina hatte Ninas Pferdeschwanz mit einer Schnur verbunden, an der die Holzschachtel mit Rinas Malstiften hing.

„He!“, schrie Rina. „Schmeiß mir doch nicht meine Stifte runter!“ – und schon hatte sie die Schnur aus Ninas Haar gerissen. Nina sah es gerade noch. Frau Weller leider nicht.

„Was machst du denn, Nina?“, fragte sie ungehalten. „Sei doch nicht so ein Tollpatsch! – Nun los, mach schon, hilf Katharina, die Stifte wieder einzusammeln, damit wir im Unterricht fortfahren können!“

„Aber ich habe doch nicht ... Rina hat ...“, versuchte Nina zu erklären, wurde aber von Frau Weller unterbrochen: „Komm, jetzt lass das Reden. Es kann ja jedem mal passieren, dass er ungeschickt ist. Rückt mal euren Tisch zehn Zentimeter vor, dann stoßt ihr nicht mehr beim Aufstehen hinten an. – Sind nun die Stifte endlich aufgelesen?“

Rina streckte Nina, am Boden kauernd, grinsend die Zunge heraus. –

Als Nina endlich wieder neben Annika an ihrem nun zehn Zentimeter nach vorn gerückten Tisch saß, kamen ihr die Tränen. Sie weinte so leicht, seit sie krank war.

In der Pause war sie sehr hungrig. Sie verschlang mit wenigen Bissen das kleine, rindenlose Butterbrot, das ihre Mutter ihr eingepackt hatte. Danach musste sie, wie nach jedem Essen, in einem Schälchen mit einem Schluck Tee ein Pulver anrühren. Es verwandelte sich beim Umrühren in einen dicken Schaum und sollte Ninas Magen nach oben verschließen, damit keine Magensäure aufsteigen und ihre Speiseröhre von Neuem angreifen konnte. Es kostete sie jedes Mal große Überwindung, den Schaum zu schlucken.

„Iiii! – Was ist denn das Grausliches?“, fragte Annika.

Einige andere Mädchen interessierten sich auch dafür und umringten Nina. Sie erklärte ihnen, wozu sie das Medikament brauchte.

„Schmeckt das süß?“, fragte Elsbeth.

„Nee! – Ekelhaft!“, gab Nina zurück.

„Arme Nina!“, sagte Annika.

„Ja, nicht? Finde ich schrecklich, wenn man nach jedem Essen so was runterwürgen muss.“

Elsbeth kam aus Ungarn. Sie sprach so gut Deutsch, dass das keiner merkte. Aber sie hieß mit Vornamen Erzsébet. Das war die ungarische Schreibweise für Elisabeth. Das „zs“ wurde wie ein weiches „sch“ ausgesprochen. Das hatte einige „Witzbolde“ darauf gebracht, sie hartnäckig „Ärsche-Bett“ zu nennen. Deshalb hatte sich die Mehrheit der Klasse auf den Namen Elsbeth geeinigt.

„Bäh!“, rief Rina. „Das sieht ja aus wie Spucke! – Iiii! Da ekelt man sich ja vor dir, wenn du sowas mampfst! – He, Kata, hast du die Spucke gesehen, die Nina da mit Hochgenuss futtert?“

Nina packte schnell ihr Schälchen in die kleine Tasche, in der auch ihre Teeflasche steckte. Elsbeth blieb neben ihr, bis sich die Neugierigen verzogen hatten. Einige Kinder begannen, Fangen zu spielen. Nina hielt nach Annika Ausschau, aber die saß zwischen Kata und Rina auf dem Mäuerchen an der großen Treppe und schrieb immer noch Mathe ab.

„Komm, Nina, mach doch mit! – Oder kannst du das noch nicht?“, fragte Elsbeth teilnahmsvoll.

Nina spürte die Übelkeit in sich aufsteigen. Sie hasste es, mit ihrer Krankheit aufzufallen. „Klar mach ich mit!“, rief sie und lächelte mühsam.

Das Fangespiel tobte rund um den Müllcontainer.

Es war herrlich, wieder einmal zu rennen, aber Nina spürte bald, dass ihr vier Monate Training fehlten. Sie wurde schnell gefangen, hatte aber jedes Mal große Mühe, selbst jemanden zu erwischen. Nach kurzer Zeit war sie so außer Atem, dass sie sich hinsetzen musste. Alles drehte sich in ihrem Kopf; der Boden schien zu schwanken, ihr wurde schwarz vor Augen. Gleich darauf konnte sie wieder klar sehen.

„Nina, was ist denn mit dir?“, fragte Meike, die eben noch von Nina gefangen worden war. Auch Elsbeth war sofort neben ihr und legte den Arm um ihre Schultern.

„Vorsicht, Nina! Ausländer stinken! Das ist ansteckend! Und Meike ist doof. Das steckt auch an!“, brüllte Rina über den Hof.

Bekümmert überlegte Nina, warum sich gerade die Mädchen um sie sorgten, die in der Klasse das wenigste Ansehen hatten. Sie stand auf. „Es geht schon wieder“, sagte sie und schlenderte zu Annika hinüber. Sie sehnte sich nach einem Wort ihrer Freundin, die zu der angesehenen Clique der Klasse gehörte – wie Nina selbst auch vor ihrer Krankheit. Es schien, als wollte man sie jetzt nicht mehr dazugehören lassen.

Annika schrieb und hatte keine Zeit, Nina zu bemerken.

Jens kam vorbeigerannt, verhielt kurz den Schritt und rief Nina zu: „Wenn ich Kata und Rina mal kurz mit den Köpfen zusammenhauen soll, musst du es mir sagen!“

Nina lachte ihn an. „Danke! Ich melde mich, wenn es nötig wird!“ Jens hatte also die Gemeinheiten der beiden mitbekommen. Wie gut das tat!

In der folgenden Stunde hatten sie Erdkunde. Herr Bittner kam schnellen Schrittes in das Klassenzimmer, stutzte, vollführte eine schwungvolle Drehung auf dem Absatz und streckte Nina die Hand hin. „Guten Morgen, Nina! Ist das aber schön, dass du wieder da bist! Wir haben dich alle sehr vermisst. Annika natürlich ganz besonders. Jetzt muss sie nicht mehr einsam neben deinem leeren Platz sitzen. Und ich habe endlich mein Erdkunde-As wieder!“

Nina lächelte ihn an, obgleich es ihr seit der Pause übel war. Herr Bittner entschädigte sie für die Enttäuschung über Frau Weller.

„Ich weiß aber nicht, ob das reicht, was ich aus dem Erdkundebuch zu Hause und im Krankenhaus gelernt habe", meinte sie zaghaft.

„Es verlangt auch keiner von dir, dass du jetzt alles weißt!", tröstete Herr Bittner. „Wie geht es dir jetzt? Deine Eltern haben gesagt, so richtig gesund bist du noch nicht."

„Mir ist immer eine Weile schlecht, wenn ich was gegessen habe", erklärte Nina. „Jetzt zum Beispiel nach dem Pausenbrot."

„Na, gut, dass ich das weiß. Dann will ich erst am Ende der Stunde was von dir wissen. Sonst redest du vielleicht Unsinn!"

„Als ob sie schon jemals was anderes gelabert hätte!", bemerkte Kata. Einige Kinder kicherten.

„Nun, Kata, da du ja nie Unsinn laberst, komm doch mal bitte an die Landkarte!", sagte Herr Bittner grinsend.

Über das, was Kata dort zusammenfabulierte, lachte Jens am lautesten und wurde von Herrn Bittner aufgefordert, mit seiner Fröhlichkeit an der Karte fortzufahren.

Gegen Ende der Stunde meldete Nina sich und konnte eine Frage richtig beantworten. Herr Bittner lobte sie, fragte noch einmal nach, wie lange sie denn gefehlt hatte, und lobte sie noch ausführlicher.

„Blöde Streberin!", zischelte jemand hinter ihr. Aber das war ihr im Moment gleichgültig.

Während der Mathematikstunde merkte sie, dass sie doch einiges nachholen musste. Nachdem Annika mit dem Vorlesen der Hausaufgaben drangekommen war und alles richtig hatte, war sie so erleichtert, dass sie sich an das Päckchen in ihrer Hosentasche erinnerte, es so geräuschlos wie möglich auspackte und die kleine Katze vor sich auf den Tisch stellte. Dann lächelte sie zuerst die Katze und dann Nina an.

Zum ersten Mal an diesem Vormittag war Nina überzeugt, dass alles wieder gut werden würde.

Nach der Schule wurde sie wieder mit dem Auto abgeholt, weil ihre Eltern den langen Schulweg mit der bleischweren Schulmappe noch zu anstrengend für sie fanden.

„Dürfen wir mitfahren!“, schrieen Kata und Rina, die fast den gleichen Weg hatten wie Nina. Sie hätte gerne nein gesagt, aber ihre ahnungslose Mutter hatte schon einladend die Wagentür aufgerissen. Dann saß sie auf dem Rücksitz zwischen Kata und Rina, die sich über sie weg unterhielten und sie kein einziges Mal zu Wort kommen ließen.

Einige Tage später dauerten die Schmerzen nach dem Frühstück so lange, dass Nina erst zur dritten Stunde in die Schule konnte. Die Mathematikstunde hatte gerade begonnen. Die Lehrerin wusste Bescheid. Nina brauchte nur zu sagen, dass sie die üblichen Schmerzen gehabt hatte. Aber als sie auf ihrem Platz saß, durfte sie sich das Gezischel von Kata und Rina anhören: „Na, auch schon ausgeschlafen? – Wieso kommst du überhaupt noch? – Tja, Ninalein-Streberlein darf natürlich alles!“

Später fragte Frau Weller: „Du bist hier zwei Stunden als fehlend eingetragen, Nina. Wo ist deine Entschuldigung?“

„Aber meine Eltern haben es Ihnen doch erklärt. Ich kann nicht immer regelmäßig zur Schule kommen. Es war doch ausgemacht, dass ich nicht jedes Mal eine Entschuldigung brauche, weil der Grund immer derselbe ist: Ösophagitis.“

„Öso – was?“

„Ösophagitis, Speiseröhrenentzündung.“

„Ach, ja. Ich erinnere mich. Kannst du da nicht einfach zu Hause bleiben, bis du gesund bist?“

Nina fühlte, wie ihr die Tränen in die Augen schossen. Wie konnte Frau Weller alles vergessen haben, was ihre Eltern ihr vor ein paar Tagen erklärt hatten?

„Es kann noch ein Jahr dauern", sagte sie mit halberstickter Stimme. „Oder länger. So lange kann ich nicht zu Hause bleiben."

„Ach so, ja", murmelte Frau Weller. „Na ja, dann lassen wir das mit der Entschuldigung. Tim, bitte, lies mal deine Hausaufgabe vor."

Hinter Nina zischelte Kata: „Ätsche, bätsche! – Auch Ninalein darf nicht einfach krank spielen!"

Immer noch kämpfte Nina mit den Tränen. Es war nicht nur die Krankheit, die wehtat, sondern das Unverständnis und die Gleichgültigkeit anderer Menschen. Es war schmerzlich, immer wieder etwas erklären zu müssen. Sicher meinte Frau Weller es nicht böse. Es interessierte sie nur nicht, wie es Nina ging. Und wenn sie schon solche Schwierigkeiten damit hatte, wie sollten dann Kinder wie Kata und Rina verstehen, warum Nina so verändert war, viel stiller als früher, oft ganz abwesend wegen der Schmerzen und der Übelkeit und dass sie mit ihren Kräften vorsichtig umgehen musste.

Frau Weller schrieb einen Satz an die Tafel.

„Klack!"

Dicht über dem Kopf der Lehrerin prallte eine Glasmurmel gegen die Tafel, sprang zurück und kullerte mit einem fröhlichen Rollgeräusch unter Ninas Füße.

Frau Weller fuhr herum: „Wer war das?"

Schweigen. – Nina bewegte den Fuß. Die Kugel rollte hervor. Einige Kinder begannen, nervös zu kichern.

„Nina! – Weißt du, woher die Kugel gekommen ist?"

Nina schüttelte den Kopf.

„Steh auf, wenn ich mit dir rede, und antworte in einem vollständigen Satz!"

Nina erhob sich. „Ich weiß nicht, woher die Kugel gekommen ist!"

Danach fragte Frau Weller Annika. Danach Kata, dann Rina und so fort.

Warum macht sie das nur?, dachte Nina. Es muss ihr doch klar sein, dass dabei nichts herauskommt. Nachdenklich betrachtete sie ihre aufgeregte Lehrerin.

„Klack!“

Diesmal flog die Kugel gegen die Wand und rollte dann unter das Lehrerpult.

„Tim!“, schrie Frau Weller. „Ich habe es genau gesehen. Du hast die Murmel geworfen.“

Tim stand auf, schaute Frau Weller mit großem Unschuldsblick an und stülpte seine Hosentaschen nach außen. „Das war ich nicht. Sehen Sie, ich habe gar keine Murmeln. Auch in der Schulmappe nicht. Sie können nachsehen.“

Sie wird doch nicht!, dachte Nina. Merkt sie denn nicht, dass das nur komisch ist?

Aber Frau Weller war schon dabei, Tims Schulranzen zu untersuchen. Hinter Nina erhob sich Getuschel. Annika drehte sich um. Etwas wurde ihr von Kata in die Hand gedrückt. Gleich darauf schob Annika etwas Rundes, Glattes in Ninas Hand. „Los!“, raunte sie. „Wirf!“

Nina schüttelte den Kopf.

„Los, mach schon!“, flüsterte Kata. „Auf dich kommt sie nie!“

Nina umklammerte die Murmel und warf einen Blick auf die Tafel und auf Frau Weller, die immer noch in Tims Schulranzen kramte. Es wäre eine gute Gelegenheit ... Sie zögerte. Die Glaskugel wurde warm in ihrer Faust.

„Feigling!“, giftete Kata.

„Strebsau!“, zischte Rina.

„Mensch, Nina!“, flüsterte Annika. „Gib her! Ich werfe!“

Nina hielt die Murmel fest. Sie wusste, sie musste sie jetzt werfen, oder ihr Ansehen bei Kata und ihren Anhängern war endgültig vorbei. Früher hätte sie es getan, vor ihrer Krankheit. Jetzt fehlte ihr der Mut. Sie wollte nicht auffallen. Sie wollte mit allen in Einklang sein, auch mit dieser komischen, hilflosen, wütenden Lehrerin. Sie hatte nicht die Kraft, sich anschreien und bestrafen zu lassen. Sie wollte es aber auch den anderen Mädchen recht machen. Zögernd hob sie die Hand mit der Murmel und ließ sie wieder sinken.

„Nun gib schon her!", Annika wollte ihr die Murmel aus der Hand nehmen. Dabei fiel sie herunter und rollte zu Frau Weller hinüber.

„Wer hat die geworfen?", schrie Frau Weller.

„Die kam von hinten!", sagte Annika.

„Nee, von vorn!", rief Elsbeth aus der letzten Reihe.

Das Verhör endete schließlich damit, dass die ganze Klasse eine Strafarbeit bekam. Und dass Annika in der Pause kein Wort mit Nina redete.

Die darauf folgende Sportstunde bei Frau Funk tröstete sie dann wieder. Eigentlich hatten Ninas Eltern mit Frau Funk besprochen, dass Nina vorerst nur beim Sport zuschauen sollte, weil es ihr bei jeder kleinen Anstrengung sofort schwindelig wurde.

Aber als dann Übungen an den Ringen gemacht wurden, stand die Lehrerin plötzlich neben Nina: „Du siehst aus, als würdest du furchtbar gerne mitmachen!"

„Lechz!", sagte Nina.

Frau Funk lachte. „Dann versuch´s doch mal. Ich bleibe neben dir. Du brauchst nur ganz leise ‚halt´ zu sagen, und ich fange dich auf."

Nina fasste zögernd nach den Ringen und ließ sich vorsichtig vor und zurück schwingen. Ach, wenn sie doch wieder solche Freude an ihrem Körper haben könnte wie früher. Schwingen, wiegen, Kraft spüren!

„Prima, Nina!“, sagte Frau Funk dicht neben ihr. Nina versuchte, mit den Füßen in die Ringe zu kommen, sackte aber wieder ab, als ihre Fußspitzen sie gerade berührt hatten.

„Mensch, toll, Nina!“, rief Frau Funk. „Das geht ja schon fast wieder! Nach so einer langen Zeit im Krankenhaus!“

Ihr rosiges, lächelndes Gesicht war dicht neben Nina. Sie lächelte zurück, sammelte alle Kraftreserven und schaffte es, die Füße in die Ringe einzuhängen. Sie drehte sich und schwang nun mit dem Gesicht nach unten, vor und zurück.

„Bravo, bravo!“, jubelte Frau Funk und klatschte Beifall. Einige Kinder klatschten mit.

„Halt!“, sagte Nina leise. Ihr war schwindelig. Frau Funk hielt die Ringe an und half ihr auf die Matte.

„Das ging ja schon großartig“, sagte sie aufmunternd. „Bald kannst du wieder alles mitmachen!“

Das glaubte Nina auch. Jedenfalls bei Frau Funk. In manchen Fächern hatte sie große Lücken. Es half eben doch nicht immer, bloß aus Büchern zu lernen.

4

Ein Ungeheuer trampelt durch den Wald, ein Fenster leuchtet geheimnisvoll und Annika wird erpresst

Endlich, nachdem es jeden Tag aus anderen Gründen nicht möglich gewesen war, hatte Annika Zeit, Nina zu besuchen. Oder hatte sie bloß keine Ausrede mehr gefunden? Sie war so verändert.

Weil Benjamin zwei Freunde bei sich hatte und es ziemlich laut bei ihm zuging, war es in Ninas Zimmer ungemütlich. Für Nina und Benjamin war nämlich ein großes Zimmer in zwei Kinderzimmer unterteilt worden, und die Zwischenwand, die der Vater und Adrian gebaut hatten, war ziemlich dünn. Außerdem musste Nina immer erst durch Benjamins Zimmer gehen, wenn sie in ihres wollte. Das war normalerweise kein Problem, aber wenn Benjamin Freunde zu Besuch hatte, wollte er vor ihnen groß angeben. Dann baute er wackelige Barrikaden, die mit Riesengepolter zusammenstürzten, wenn Nina die Tür öffnete, oder er hielt ihr die Tür zu und verlangte einen „Wegzoll". Einige Male konnte man darüber lachen, meinte Nina, aber Benjamin fand es immer noch zum Totlachen, wenn es Nina längst auf die Nerven ging.

Deshalb verzogen die Freundinnen sich in Ninas Baumhaus in Frau Hollenbecks Garten. Vor einem Jahr hatte die alte Frau, die ganz alleine in einem Reihenhaus lebte, Nina die Erlaubnis zu Weihnachten geschenkt, in ihrem Apfelbaum ein Baumhaus zu bauen. Mit Adrians Hilfe war ein großes und festes Baumhaus mit einem regensicheren Dach entstanden, in das Nina sich zurückzog, wenn sie von den Kinderscharen ungestört sein wollte, die auf dem Spielplatz des großen Mietshauses herumtobten.

Nun saßen Nina und Annika, gesichert vor Benjamin, im Baumhaus und hatten sich viel zu erzählen. Da Annika noch nie in einem Krankenhaus gewesen war, interessierte sie sich sehr dafür und ließ sich von Nina den Tageslauf und die verschiedenen Untersuchungen genau schildern. Danach verfielen sie darauf, kleine Krankenhaus-Szenen nachzuspielen, mit allerlei komischen Abwandlungen, die sie während des Spiels erfanden. Schließlich steigerten sie sich in eine unaufhaltsame Lachlust hinein, und wenn Nina kichernd verlangte: „Schwester, bitte die Kreissäge! Wir müssen operieren!“, versuchte Annika sie jubelnd zu überbieten: „Geht nicht! Ich muss erst den Holzhammer sterilisieren.“

Mit jedem Lachen spürte Nina, wie ein Teil ihrer Angst und Traurigkeit aus dem Krankenhaus sich löste. Als sie sich müde geschrieen und gelacht hatten, saßen die Mädchen einträchtig nebeneinander und lasen Comic-Hefte. Es war so schön und friedlich, wie vor Ninas Krankheit.

„Meinst du, wir können uns jetzt wieder öfter treffen?“, fragte Nina hoffnungsvoll.

„Ach, Nina! – Ich würde schon gern. Aber die lassen mich ja nicht. Kata und Rina, meine ich. Sie haben mich die ganze Zeit geärgert, als du nicht da warst. Zum Beispiel mir die Toilettentüre zugehalten, so dass ich meinen Bus nicht mehr erwischt habe.“

„Wie gemein!“, rief Nina. „Wo doch dein Bus nur alle zwei Stunden fährt!“

„Ja, und wenn sie im Unterricht beim Quasseln erwischt worden sind, haben sie behauptet, ich hätte sie dauernd angequatscht – und ich bekam dann den Anschnauzer oder die Strafarbeit."

„Wie kommen sie bloß dazu? Du tust ihnen doch nichts!"

„Die finden die Sachen doof, die meine Mutter mir näht. Wir haben halt nicht so viel Geld, seit mein Vater tot ist. Das reicht doch schon bei denen! Oder wenn jemand hinkt oder Ausländer ist oder in der Schule nicht mitkommt. Du brauchst auch nur eine Mütze mit einer Farbe oder Form zu tragen, die ihnen nicht gefällt. Alles, was für die neu und in ihrem Spatzenhirn noch nicht drin ist, ist falsch und muss weg!"

„Und trotzdem gehst du mit ihnen?"

„Was sollte ich denn die ganze Zeit machen? – Einmal habe ich meiner Mutter was erzählt. Das mit dem Türe-Zuhalten. Da hat sie Katas und Rinas Eltern angerufen. Am nächsten Tag hat mich Kata auf dem Schulhof festgehalten, und Rina hat mir dreimal voll in den Bauch getreten. Als ich heulend am Boden lag, haben ein paar große Schüler einen Lehrer geholt. Gesehen hatte niemand, was mir passiert war. Ich habe nur was von plötzlichen Bauchschmerzen gesagt. Da hat mich Frau Funk nach Hause gefahren. Unser Hausarzt dachte, es wäre der Blinddarm. Aber dann hat er die blauen Flecken gesehen. Ich hab gesagt, ich wäre auf der Schultreppe gestolpert und mit dem Bauch auf das Geländer geprallt. Er hat mich ganz komisch angesehen, als würde er mir das nicht glauben. Aber gesagt hat er nichts."

„Der hat sicher gemerkt, dass das so nicht geht. Ich meine, das Geländer ist zu hoch. Hoffentlich denkt er nicht, deine Mutter hätte dich verprügelt!"

„O je! Meinst du wirklich, das hat er gedacht? Dann müsste ich hingehen und ihm sagen, wie es war."

„Dann löchert er dich, bis du ihm die Namen der Kinder sagst, und er ruft deine Mutter an. Die ruft dann wieder die Eltern von Kata und Rina an, und alles geht von vorne los!"

Ratlos starrte Annika Nina an. „Ach, Nina! So hört das ja nie auf! Was können wir denn machen? Die beiden haben schon so viele angesteckt mit ihren Gemeinheiten. Oder die anderen machen aus Angst mit."

Nina spürte, wie eine große Traurigkeit sich in ihr ausbreitete. Es würde schwer sein, weiterhin mit Annika befreundet zu bleiben. Allzu schwer vielleicht.

Sie schwiegen und schauten durch die Hüttentüre in die Dämmerung hinaus.

„... aber wenn sie dir was tun wollen, mache ich nicht mit!", sagte Annika wie aus tiefem Nachdenken heraus.

„Na, toll! Wenigstens etwas!", sagte Nina bitter.

Zwei Tage später kam Nina mit einer frohen Nachricht in die Schule.

„Hast du am Wochenende Zeit?", fragte sie Annika.

„Weiß ich noch nicht", murmelte Annika mit einem scheuen Blick auf Kata und Rina.

„Freunde von uns haben ein Ferienhäuschen im Odenwald", erzählte Nina. „Das könnten wir am Wochenende haben. Jedes von uns drei Kindern darf jemand mitbringen!"

„Oooch ... ich weiß nicht ..."

„Geh da bloß nicht hin, Annika!", rief Kata. „Da ist alles voll Läuse und Wanzen, und der Wind pfeift durch die Ritzen ..."

„Ja!", fiel Rina ein. „Und nachts spazieren dir die Ratten über den Bauch, und das Essen! Hach! Das sieht aus wie Ninas Spuckmampf!"

„Mann! Seid ihr blöd!“, schimpfte Nina. „Und wer hat früher immer ‚bitte, bitte' gemacht und brav Pfötchen gegeben und meine Eltern schon aus drei Kilometer Entfernung gegrüßt, bloß um mit in die Hütte zu dürfen?“

Kata stellte sich mit finsterer Miene so dicht vor Nina hin, dass sie einen Schritt zurückwich. „Hast du was gesagt?“, fragte sie drohend.

„Ich glaube, sie hat was gegrunzt!“, schimpfte Rina. „Machen wir Hackfleisch aus ihr?“

Nina schaute erschrocken zu den beiden auf. Sie waren beide viel größer und vor allem breiter als sie. Sie wich einen weiteren Schritt zurück und stieß an ihren Tisch.

In diesem Augenblick läutete es zur Englischstunde, und alle rannten auf ihre Plätze. Frau Weller konnte sehr ungemütlich werden! – Heute zeigte sie sich jedoch einmal freundlicher, als sie die Hefte mit den Englischarbeiten zurückgab. Sie waren fast durchweg gut ausgefallen. Sie hatte sogar ein paar zurückhaltend freundliche Worte für Ninas Eins-bis-Zwei. Nina fürchtete, das würde Kata und Rina noch besonders gegen sie aufbringen, und überlegte, ob sie wohl ihre Lehrer bitten könnte, ihre guten Noten zu verschweigen.

Unter der Bank schob Annika ihr einen winzig zusammengekniffenen Zettel in die Hand. Geräuschlos faltete Nina ihn auseinander und las: „Ich würde gern mitkommen. Ich rufe dich an.“

Nina ließ den Zettel in der Schulmappe verschwinden und lächelte Annika verstohlen hinter der vorgehaltenen Hand zu.

Zwei Tage darauf war es so weit. Schon gleich nach der Schule am Freitag konnte das Hüttenwochenende losgehen.

Außer den Eltern, Adrian und Anne, Nina, Annika und

Benjamin kam noch Benjamins Freund Bernd mit, der seinen behäbigen grauweißen Kater Pascha mitgebracht hatte, da seine Eltern an diesem Wochenende auch verreisten. War das ein Gewimmel und Durcheinandergeschrei, bis alle ihr Plätzchen in der Hütte gefunden, die Betten bezogen und das Gepäck verstaut hatten!

Es gab dort einen Aufenthaltsraum, in dem auch gekocht wurde, drei kleine Schlafkojen mit Stockbetten und eine etwas größere Kammer mit den Elternbetten.

Der Nachmittag war nebelig und kalt. Aber die Kinder zogen sich warm an und spielten im Wald Räuber und Gendarm. Dass Adrian und Anne dabei mitmachten, löste großen Jubel aus. Adrian als tollpatschiger Räuber und Annes Sherlock-Holmes-Imitation waren zum Kaputtlachen, fanden die jüngeren Kinder. Als es dämmerte und die Nacht schon im dichten Unterholz des Waldes hing, schlug Anne eine Gespensterjagd vor. Das dreieckige Waldstück war auf einer Seite von einem Bach und auf zwei Seiten von Wegen begrenzt, so dass sie sich nicht verirren konnten.

Nach einiger Zeit hatten sich die Kinder in eine bibbernde Gespensterfurcht hineingesteigert. Aber das war so aufregend schaurig, dass sie auf keinen Fall mit dem Spiel aufhören wollten. Eben waren Adrian und Anne die Gespensterjäger, während die vier Jüngeren als Gespenster herumgeisterten.

Dazu gehörte es, hin und wieder schauerlich aufzuheulen, zu kreischen, im Gestrüpp zu rascheln und die Taschenlampen kurz aufleuchten zu lassen. Die Gespenster versuchten, immer in Flüsterweite zusammenzubleiben, aber nachdem die Jäger sie beinahe erwischt hatten, konnten Annika und Nina Benjamin und Bernd nicht mehr finden. Nur das Gespenstergeheul hörten sie manchmal noch, und das Rufen und die lauten, herausfordernden Reden der Gespensterjäger.

„Wir lassen uns nicht mehr los, ja? Sonst verlieren wir uns auch noch", flüsterte Annika und umklammerte Ninas Hand.

„Psst! – Ich hör´ was!", raunte Nina. Sie duckten sich unter die überhängenden Zweige einer kleinen Tanne. Aber sie hörten nur das Tropfen von den Bäumen und das leise Rauschen des Windes.

„Die anderen sind wahrscheinlich sehr weit weg!", hauchte Annika.

„Oder ganz nah", wisperte Nina, „und warten nur darauf, dass wir uns durch ein Geräusch verraten."

Sie lauschten angespannt. Irgendwann würden ihre Häscher die Geduld verlieren und sich rühren. Aber es blieb still. Und sie fingen an zu frieren.

„Was machen wir? Sollen wir aufgeben? Langsam wird´s langweilig", flüsterte Nina.

„Hunger und Durst habe ich auch", klagte Annika.

„Hier. Wir teilen uns den Rest aus meiner Teeflasche; das hilft sicher für ein Weilchen."

Plötzlich hörten sie aus der Ferne ein mörderisches Gebrüll. Offenbar war es den Geisterjägern gelungen, Benjamin und Bernd aufzuspüren und gefangen zu nehmen.

„Hier sind wir gut versteckt. Da können sie lange suchen!", freute sich Annika.

„Wenn es nur nicht so kalt wäre", jammerte Nina. „Wir könnten ruhig mal kurz raus und ein paar Mal um die Tanne rennen. So weit, wie die weg sind, hören sie das nicht."

„Gut, aber nur, wenn du mir die Hand gibst."

Viermal stapften und hüpften sie um das Bäumchen, ehe sie wieder in ihrem Unterschlupf verschwanden.

Merkwürdig. Draußen stampfte und trampelte es immer

noch. Als hätte sich das Geräusch ihrer Schritte selbstständig gemacht! Oder hatten sie das nur noch in den Ohren?

„Hörst du das?“, hauchte Nina.

„Was ist das?“, kam es ängstlich zurück.

„Die Geisterjäger nicht“, flüsterte Nina mit Herzklopfen in der Kehle und legte Annika die Hand auf den Mund.

Es prasselte und brach im Unterholz. Die schweren, stampfenden Schritte mussten zu einem Riesen gehören. Oder war da eine ganze Räuberbande unterwegs?

Näher, noch näher tappten die unheimlichen Schritte. Ein Schnaufen war zu hören, ein Rascheln und Reißen, als das Wesen in die Brombeerhecke geriet, die nur wenige Schritte entfernt war.

Die Mädchen hielten sich eng umschlungen. Nina konnte Annikas Zittern spüren.

Schweres Atmen näherte sich dem Versteck, verhielt so dicht davor, dass sie etwas wie warmen Dampf zu spüren meinten – und entfernte sich langsam wieder. Das schwere Stampfen wurde leiser. Nina beugte sich vor und sah in Nebel und Dunkelheit eine große, schwarze Masse sich zwischen den schwach sichtbaren Stämmen bewegen. Ihre Gedanken überschlugen sich.

„Nilpferd!“, flüsterte sie. „Urweltviech! Dinosaurier!“

Auch Annika hatte es gesehen. „Was war das?“, raunte sie entsetzt. „Ein Monster?“

„Irgendein großes Tier. – Aber was für eins?“

„Vielleicht ein gefährliches, das aus dem Zoo weggelaufen ist!“

„Lieber Gott…“, flüsterte Nina und wusste nicht mehr weiter. Alles war möglich in dieser vernebelten Finsternis. „Was machen wir jetzt?“, fragte sie mit klappernden Zähnen.

„Auf einen hohen Baum klettern und um Hilfe schreien“, schlug Annika vor.

„Klettere du mal auf einen Baum, wenn alle Äste erst in fünf Meter Höhe anfangen!“

„Und die Tanne hier?“

Sie versuchten, das Tännchen zu erklimmen. Die dürren kleinen Zweige ganz unten brachen sofort ab. Weiter oben gab es festere Zweige, aber die zeigten alle schräg abwärts und boten keinen Halt. Sie zerkratzten sich Gesicht und Hände.

„Einfach rennen. In die Richtung, aus der das Viech gekommen ist“, hauchte Nina.

„Geht´s da nicht zum Bach?"

„Ach ja! – Mist! Der führt Hochwasser. Da kommen wir nicht rüber!"

Ratlos und vor Kälte schlotternd blieben sie unter der Tanne sitzen.

„Sie werden uns suchen. Wir werden doch längst vermisst", hoffte Annika.

„Und wenn den anderen was passiert ist? Vielleicht hat das Tier sie umgebracht!"

Grauenhafter Gedanke! Und Ninas Eltern würden sich auf die Suche machen, und dann würde das Tier sie auch umbringen, und danach würde keiner sie mehr vermissen bis Sonntag Abend ...

Auf einmal hörten sie Stimmen. Ein aufgeregtes Durcheinandergeschrei. Sie konnten sogar einzelne Ausrufe verstehen. Die Geisterjäger! Sie lebten noch!

„He, was ist denn das?", schrillte eine aufgeregte Stimme.

„Hiiilfe!", kreischte jemand. „Was ist das? Hilfe!"

„Ein Tier! Ein großes Tier!"

„Ein Hirsch! Das ist doch ein Hirsch!"

„Selber Hirsch! – Eine Kuh ist das! Bloß 'ne dämliche Kuh! – Hach, jetzt rennt sie. Wir haben sie erschreckt."

Wieder war das Brechen und Stampfen im Unterholz zu hören; diesmal rannte das arme Tier. Wie kam eine Kuh in den Wald? Sie musste sehr verstört sein. Die schweren Schritte verloren sich in der Ferne.

Nina und Annika warteten noch einen Augenblick, bis ihr rasendes Herzklopfen sich beruhigt hatte. Dann krochen sie aus ihrem Versteck. Immer noch hielten sie sich fest an den Händen.

„Die anderen brauchen nicht zu wissen, dass wir uns wegen einer Kuh fast in die Hosen gemacht hätten", meinte Nina.

Annika gelang sogar ein kleiner Scherz: „Wo wir doch die Kuh mit Absicht zu den Geisterjägern getrieben haben, damit sie vor Schreck umfallen!"

Begeistert stimmte Nina ein: „Die bibbern immer noch vor Angst. Hörst du, wie der ganze Wald davon raschelt?"

Sie fand das zwar selbst nicht besonders geistreich, aber nach der ausgestandenen Todesangst musste Nina jetzt vor lauter Erleichterung so lachen, dass sie nicht mehr aufhören konnte.

Annika wurde davon angesteckt. Sie lachten. Sie hüpften. Sie fielen einander um den Hals und kreischten vor Lachen.

„Ausgeflippt?", fragte Adrian, indem er mit einem großen Satz aus dem Schatten der Bäume sprang. Die drei anderen Jäger folgten ihm lachend.

„Selber!", bemerkte Nina kühl. „Habt ihr die Kuh auch so niedlich gefunden?"

Später, auf dem nahe gelegenen Hof des Bauern Lohmeier, klärte sich alles auf.

Es fehlten drei Kühe auf dem Lohmeierhof. Ein fünfjähriger Neffe aus der Stadt, der mit seinen Eltern über das Wochenende zu Besuch war, hatte aus Mitleid mit den armen, eingesperrten Kühen die Stalltüre geöffnet. Es war ihm sogar gelungen, einige von ihren Ketten zu lösen. Auch jetzt noch sah der Kleine nicht ein, warum sie nicht einmal ein bisschen spazieren gehen sollten.

Noch Stunden später, als Eltern, Kinder und Kater vor dem Kaminfeuer in der Hütte saßen, hörten sie die Bauern im Wald nach den verängstigten Kühen rufen. Zwei wurden noch am Abend gefunden, die dritte trottete am nächsten Morgen von selbst wieder in den Stall.

Nina und Annika erfuhren es am Samstag früh beim Milchholen. Die drei „befreiten" Kühe waren immer noch verstört und hatten an diesem Morgen sehr wenig Milch gegeben. Auch die anderen Kühe waren unruhig, und so durften die Kinder nicht in den Stall.

Die Gäste der Lohmeiers, die eigentlich noch bis Sonntag hatten bleiben wollen, waren beim Aufbruch. Es hatte sich herausgestellt, dass ihr tierlieber Sprössling auch noch die Hühner freigelassen und drei halbwüchsige Kätzchen zu baden versucht hatte. Sie waren beinahe in der Badewanne ertrunken.

Die Mädchen nahmen der Bäuerin die Arbeit ab, die kläglich maunzenden Katzenkinder mit Frottiertüchern abzurubbeln. Danach beteiligten sie sich noch am Einfangen der Hühner.

Dafür bekamen sie acht große bräunliche Eier geschenkt, für jeden Hüttenbewohner eins. Jetzt fiel ihnen mit Schrecken ein, dass die Milch ja eigentlich zum Frühstück gebraucht wurde. Sie rannten zur Hütte zurück. Dort war das Frühstück fast beendet. Es hatte nur Tee und Brötchen gegeben. Aber weil alle noch am Tisch saßen, war das nicht weiter schlimm. Anne wärmte die Milch und kochte die Eier, während Nina und Annika von ihren Erfahrungen auf dem Bauernhof erzählten. Es wurde ein Frühstück, das fast bis zur Mittagszeit dauerte.

Zwar konnte Nina die Milch nicht trinken. Milch schien bei ihr besonders viel Magensäure zu erzeugen. Aber das Ei und ein halbes Brötchen wagte sie zu essen. Die Schmerzen und die Übelkeit danach waren erträglich, weil das vergnügte Geschwätz der großen Tafelrunde sie ablenkte.

Nachmittags hatte der Nebel sich gelichtet, und ein heller Sonnenhimmel lockte ins Freie.

Ninas Eltern packten die Rucksäcke mit Vesperbroten, Obst und Tee, und die achtköpfige Schar brach zu einer Wanderung zu einer Aussichtshütte auf.

Das Einzige, was Nina wieder schmerzlich an ihre Krankheit erinnerte, waren die zwei Tafeln Schokolade, die Anne eingepackt hatte und zum Nachtisch verteilte. Nina hatte große Lust auf Schokolade, aber sie wusste, die Schmerzen würden unerträglich werden, wenn sie sich dazu hinreißen ließe, ein Stückchen davon zu essen. Nach dem Essen spielten die Kinder Fangen und Verstecken, und auf dem Heimweg grölten sie alle frechen Lumpenlieder, die ihnen einfielen. Ninas Eltern kannten noch ein paar besonders unverschämte Strophen und sangen lauthals mit.

Abends wollten die Eltern, Adrian und Anne in ein Konzert im nächsten Ort.

„Ihr seid ja zu viert", sagten sie. „Da werdet ihr keine Angst haben ohne uns!"

Nein, von Angst konnte keine Rede sein! Zuerst tobten sie, dass die Hütte wackelte, machten eine Kissenschlacht und sperrten sich gegenseitig in die Zimmer ein, aus denen dann nur eine Flucht aus dem Fenster möglich war. Gespensterversteck im Dunkeln wurde dann aber bald langweilig, weil die „Gespenster" in der kleinen Hütte zu schnell gefunden wurden.

Was also tun? Dieser Abend ohne die Eltern und die Ermahnungen von Adrian und Anne musste doch ausgenützt werden!

„Eine Nachtwanderung!", schlug Bernd vor.

„Oooch!" Annika zeigte wenig Begeisterung. „Hatten wir doch eigentlich gestern. Sogar mit Überraschungs-Kuh!"

„Na ja, wir machen das auch anders", beharrte Bernd. „Wir nehmen Taschenlampen mit und bleiben auf den Wegen. Heute ist kein Nebel. Ich glaube, wir haben sogar Vollmond."

Nachdem sie von der Terrasse aus festgestellt hatten, wie hell das Mondlicht über Tal und Hügeln lag, zog es sie doch ins Freie. Die Taschenlampen konnten sogar in den Anoraktaschen bleiben.

„Hast du auch alle Lichter ausgemacht?“, fragte Nina Benjamin, der zuletzt aus der Hütte gekommen war.

„Klar. Sieh doch selber!“

Die Hüttenfenster waren dunkel; nur die kleine Laterne über der Haustüre brannte.

„Alles okay!“, sagte Nina. „Auf geht´s!“

Zuerst schrieen und lachten die vier noch durcheinander, aber mit jedem Schritt weiter in das silbrig-blaue Licht über dem Tal wurde es ihnen feierlicher zumute. Zuletzt redeten sie nur noch im Flüsterton. Das breite Wiesental mit den Wäldern oben auf den Hügelkämmen hatte sich in eine Märchenlandschaft verwandelt. Einmal blieben sie stehen und vergaßen sogar das Atmen. Wenige Meter vor ihnen zog lautlos ein Reh über den Weg. Gleich darauf folgten noch vier andere.

Sie blieben noch eine ganze Weile reglos und lächelten einander an. Es war so hell, dass sie ihre Gesichter deutlich sehen und sogar die Farben ihrer Kleider ahnen konnten.

„Ich glaube“, sagte Nina mit tiefem Aufatmen, „schöner wird es nicht mehr. Kehren wir um?“

Alle waren einverstanden.

„Wer zuerst die Hütte sieht!“, rief Annika kurz vor der Wegbiegung und rannte los. Die anderen sausten hinterher. An der Kurve jedoch blieb Annika so plötzlich stehen, dass Benjamin gegen sie prallte.

„Spinnst du?“, schrie er.

Annika deutete aufgeregt auf die Hütte.

„Das Licht“, keuchte sie. „Da! Im Wohnzimmer! Jemand ist im Haus!“ Erstarrt blieben die Kinder stehen. Sie hatten alle vorhin gesehen, dass im Haus kein Licht brannte.

„Deine Eltern?“, raunte Annika.

„Kann nicht sein“, flüsterte Nina. „Das Konzert dauert bis zehn Uhr. Es ist erst halb ...“

„Vielleicht war es früher aus“, hoffte Bernd. „kommt, wir gehen nachsehen.“

„Dann wär´ doch das Auto da!“, gab Nina zu bedenken.

„Vielleicht haben sie es auf der anderen Seite geparkt. Ich seh mal nach!“ Annika huschte zum Gartenzaun. Die andern folgten auf Zehenspitzen. Vorsichtig tasteten sie sich an Zaun und Hecken entlang um das ganze Grundstück. Kein Auto. Kein Laut. Still brannte die Lampe im Wohnzimmer.

„Ein Gespenst“, sagte Bernd.

„Red´ doch kein Blech!“, fauchte Nina.

„Ein Einbrecher!“, vermutete Annika.

Dann fiel keinem mehr etwas ein. Sie standen vor dem Gartentor und starrten auf das helle Fenster. Die Vorhänge waren nicht ganz zugezogen. Drinnen rührte sich nichts.

„Ein Einbrecher würde sich aber bewegen. Der sucht doch etwas“, meinte Annika.

„Ja, und irgendwann müsste er die Sachen doch rausschleppen“, ergänzte Benjamin.

„Ich schau jetzt einfach mal zum Fenster rein“, schlug Nina vor und versuchte, ihr Zähneklappern zu unterdrücken.

Annika krallte sich an ihren Ärmel. „Nein!! – Du gehst nicht! Wir rennen zu Lohmeiers und holen Hilfe!“

„Und wenn es dann nichts war, lacht sich das ganze Dorf über uns kaputt!“, bremste Benjamin.

„Dann gehe ich jetzt doch nachsehen“, beschloss Nina. „Ihr könnt mir ja die Hand geben. Wir bilden eine Kette vom Gartentor bis zum Fenster. So könnt ihr mich zurückziehen, wenn mich jemand festhalten will.“

Die Kette reichte fast bis zum Fenster. Nina stellte sich auf die Zehenspitzen.

„Niemand zu sehen. Es ist die große Stehlampe, die brennt."

„Die Stehlampe. Ach!" Bernd schien etwas einzufallen. Es hörte sich sogar an, als müsse er ein Lachen unterdrücken. „Sag mal, Nina, ist Pascha im Zimmer?"

Und ob Pascha im Zimmer war! So behäbig und genussvoll, wie er sich da mitten auf der Couch räkelte, war er nicht zu übersehen.

„Und hat eure Stehlampe einen Schaltknopf unten am Fuß?", wollte Bernd wissen.

„Ja. Wieso?"

„Dann war es Pascha!", jubelte Bernd und löste sich erleichtert aus der Kette. „Das macht er zu Hause auch immer. Er ist total begeistert von Einschaltknöpfen! Manchmal kriegt er sogar das Fernsehen an!"

Die „Angstkette" löste sich auf. Alle stürzten zum Fenster.

„Mensch, der Pascha!"

„Klar kann der Pascha das!"

„Seht mal, wie er sich freut!"

„Wieso bin ich da nur nicht gleich draufgekommen!", meinte Bernd kopfschüttelnd.

Nina schloss die Haustüre auf.

„Wir erzählen aber niemand was!", versprachen sich die Kinder gegenseitig, als sie später warm und gemütlich in ihren Betten lagen und sich durch die offene Tür unterhielten.

„Soll ich euch noch 'ne Gespenstergeschichte vorlesen?", bot Annika scheinheilig an.

„Buuuuh!", schrieen die drei andern einmütig im Chor.

An einem solchen Wochenende war es leicht für Nina, zeitweise zu vergessen, dass sie krank war. Natürlich musste sie sich nach jeder Mahlzeit über ihre Speiseröhre ärgern, aber das ging jedes Mal unter in all den Gesprächen, dem Lachen und den kleinen Streichen der Kinder, so dass Nina keine Zeit hatte, Angst zu bekommen. – Wenn sie aber allein war, steigerte sie sich manchmal so in die Angst vor den Schmerzen hinein, dass die Schmerzen sich verschlimmerten, und weil es so wehtat, wurde die Angst noch größer.

Adrian erklärte ihr, das nenne man einen Teufelskreis, und sie müsse jedes Mal versuchen, daraus auszubrechen. Aber manchmal konnte Nina den Ausweg nicht finden.

Als sie am Montag auf dem Schulhof wieder von Kata und Rina verspottet wurde, weil sie angeblich so dastand, als hätte sie die Pampers bis oben voll, spürte sie deutlich, wie ihre hilflose Wut die Schmerzen noch verschlimmerte. Sie hatte gerade ihr Pausenbrot gegessen und musste sich nun durch die anschließenden Schmerzen hindurchkämpfen. Natürlich sah man ihr das an, obgleich sie sich sehr bemühte, ein Lächeln auf ihr Gesicht zu zwingen.

Annika hielt sich abseits und tat, als hätte sie nichts bemerkt. Das tat besonders weh nach den schönen Hüttentagen.

Wieder war es Elsbeth, die ihr beizustehen versuchte: „Mensch, Rina! Hör doch auf mit dem Quatsch. Nina hat Schmerzen; das sieht man doch."

Sofort griff Kata ein. Drohend hob sie die Faust vor Elsbeths Gesicht: „Und gleich hast du Schmerzen. Halt bloß die Klappe, du doofe Nuss!"

„Ich würde mir das überlegen, hier als Ungarntrampel blöde Sprüche zu klopfen!", giftete Rina.

Elsbeth kroch in sich zusammen: „Ich meine doch nur … wenn sie doch immer Schmerzen hat nach dem Essen …"

„Ach Gott, ach Gott!", näselte Kata mit Alter-Tanten-Stimme. „Das arme Ninaleinchen hat ein Wehwehchen. Wie traurig, wie traurig!"

Früher hätte Nina sie dafür geohrfeigt. Jetzt traute sie ihren Kräften nicht. Außerdem würde Rina sofort auch auf sie losgehen. Und Elsbeth würde wahrscheinlich wegrennen.

Jens schob sich an ihnen vorbei. „Verpisst euch, ihr Mistkröten!", bemerkte er lässig und war schon wieder weg. Kata und Rina zogen es vor, ein Stück auf Abstand zu gehen.

„Komm!", forderte Nina Elsbeth auf. „Hier riecht es irgendwie nach Kröten."

Von Weitem war noch der eintönige Singsang von Kata und Rina zu hören: „Jens liebt Nina, Jens liebt Nina! Da lachen ja die Hühna!", und zur Abwechselung: „Ärsche-Bett! Dick und fett!"

Sie wussten genau, dass Elsbeth durch Fasten versuchte, die zwei Kilo Übergewicht, die sie zu haben glaubte, loszuwerden.

Inzwischen saßen Kata, Rina und Annika auf dem Mäuerchen neben der Treppe und beobachteten Nina und Elsbeth. Nun kam auch Gaby dazu, die neuerdings auch zur Gefolgschaft von Kata und Rina gehörte.

„Guck mal, wie blöd die da sitzen! Wie Hühner auf einer Stange!", amüsierte sich Elsbeth.

„Du beleidigst die Hühner!", gab Nina zu bedenken. „Aasgeier wäre besser!"

Elsbeth lachte.

Von der Hausecke her näherte sich Meike, die in der Sportstunde vorher auf ihr Knie gefallen war und ein bisschen hinkte.

„Hinkefuß! Hinkefuß!", tönte es vom Mäuerchen her. Das war Kata.

„Hinkefuß. Doofe Nuss!", krakeelte Rina. „Los, mach mit!" Sie gab Gaby einen aufmunternden Schubs. Gaby stimmte in den dümmlichen Vers mit ein.

„Tolle Reime!“, spottete Nina. „Nuuß muss es heißen, damit es sich reimt!“

„Los, du musst auch mitmachen, Annika!“, befahl Kata.

Annika stand auf und wollte eine leere Saftpackung zum Papierkorb tragen.

„He! Hier geblieben, Annika!“, schrie Rina. Annika tat, als hätte sie nichts gehört. Da war Rina blitzschnell neben ihr und stellte ihr ein Bein. Annika stürzte schwer und ohne sich abstützen zu können auf den Asphaltboden. Dort blieb sie unbeweglich liegen.

Sofort waren Nina, Elsbeth und Meike bei ihr. Sie halfen ihr, sich zum Sitzen aufzurichten. Annika stöhnte. Ihr Kinn war aufgeschürft; aus ihrem Mund sickerte Blut. Leise weinend betastete sie ihr Gesicht und betrachtete entsetzt das Blut an ihrer Hand.

„Zeig mal“, sagte Nina mitfühlend und spürte, wie sie vor Wut und Aufregung zitterte. „Ich will sehen, ob deine Zähne noch ganz sind.“

Annika öffnete den Mund. Ihre Zunge war voller Blut und Schulhofdreck. Entschlossen fasste Nina zu und ließ ihre Finger über Annikas Vorderzähne gleiten.

„Alle Zähne sind noch da! Keiner wackelt!“, sagte sie tröstend. „Aber du hast dir die Zunge zerbissen. Die hat einen ganz tiefen Spalt. Daher kommt das Blut.“

Elsbeth hatte inzwischen die Aufsicht führende Lehrerin geholt. Die half Annika beim Aufstehen und führte sie zum Schulhaus. Dabei sagte sie etwas von „zu viel rumtoben“ und „besser aufpassen“, und Elsbeth rief dazwischen: „Aber die Rina hat ihr doch ein Bein gestellt!“

„Wer?“, fragte die Lehrerin.

„Nein, nein, niemand!“, nuschelte Annika mit ihrer geschwollenen Zunge. „Bin von selber hingefallen.“

Vom Schatzsuchen, Ninas Rückfall in die Krankheit und einem Turnzeugtintenbad

Nina hatte Angst, bei anderen Kindern zu spielen, weil manche Mütter nicht begreifen wollten, dass sie ständig Tee trinken musste und manche Dinge nicht essen konnte. Sie wunderte sich, dass sie sich einfach nicht merken konnten, dass alles, was sehr fett oder sehr süß war, ihr schadete. Außerdem konnte sie keine Nüsse vertragen und kein Fett, das aus Nüssen oder Kernen hergestellt war. Es war also nicht viel, und mit einigem guten Willen hätte man sich das wohl merken können, fand sie. Aber immer wieder versuchte jemand, sie zu überreden, irgendetwas zu probieren: „Nur ein ganz kleines Stückchen, Nina! Das kann doch nicht so schlimm sein!“

Ihre Mama hatte alle in Frage kommenden Mütter angerufen und ihnen Ninas Krankheit erklärt. Die Mütter von Annika, Elsbeth und Jens machten sich sogar Notizen, um es nicht wieder zu vergessen. Zu diesem Zeitpunkt wusste Mama ja noch nicht, dass Jens kein Mädchen mehr einzuladen wagte.

Sie rief auch die Mütter von Kata und Rina an, weil Nina ihr nicht erzählt hatte, dass sie dort nicht wieder hingehen würde. Beide hatten sich sehr verständnisvoll gezeigt, so dass Nina hoffte, wenn sie ihren Töchtern erklärten, wie elend sie sich oft fühlte, würden die Quälereien endlich aufhören.

Deshalb wagte sie sich nun sogar wieder auf Geburtstagsfeiern. Bei Elsbeths Geburtstag fühlte sie sich besonders wohl. Elsbeths Mutter hatte außer einer großen Geburtstagstorte einen ganz leichten Hefekuchen gebacken, den Nina ohne Sorgen essen konnte. Außerdem machte sie bei allen Spielen mit und lachte selbst am meisten über ihr drolliges Ungarisch-Deutsch, wenn die Kinder sie verbesserten. So konnte sie sofort sehen, dass Nina müde wurde. Sie holte ihre Gitarre und sang den Kindern ungarische Lieder vor, die Elsbeths Vater ihnen ins Deutsche übersetzte.

Dann gab es gegrillte Würstchen für die anderen Kinder, und Nina bekam eine rindenlose Brotscheibe, die dünn mit Kalbsleberwurst bestrichen war. „Is ganz wenig Fett in dieses Wurst!“, versicherte Elsbeths Mutter teilnahmsvoll.

So musste Nina dort nicht ständig Erklärungen abgeben, dass sie dies nicht essen könne und jenes nicht vertrüge oder dass sie ein Spiel auslassen müsse, weil ihr davon schwindelig würde.

Schade, dass Elsbeth in der Klasse so wenig galt. Sie gehörte auch zu den Verspotteten, und es stimmte überhaupt nicht, dass zwei Schwache zusammen stark waren. Jedenfalls nicht gegen die Kata- und Rina-Bande. Im Gegenteil; Jetzt dichteten sie Nina noch zusätzlich alles an, was sie gegen Ausländer hatten, und Elsbeth wurde als Freundin der „doofen und schlappen“ Nina bekämpft.

Eine Woche später lud Gaby alle Mädchen aus der Klasse ein. Da wollte Nina natürlich nicht fehlen, und so führte ihr Papa ein langes Gespräch mit Gabys Mutter. Diese versprach Spiele, bei denen Nina unauffällig einmal aussetzen konnte, und einen Erdbeerkuchen mit gekochten Früchten, da Nina die Säure frischer Beeren nicht so gut vertrug. Zum Abendessen sollte es ein Spaghetti-Wettessen geben.

Nina füllte also getrost ihre Teeflasche, packte ihre Medikamente und das Geschenk für Gaby ein und marschierte los. Bei Gaby herrschte schon eine großartige Stimmung, weil alle Kinder fast gleichzeitig angekommen waren. Alles staute sich im Flur, und mittendrin kauerte Gaby in einem Wust von Geschenkpapier. Alle drängten sich um sie und priesen marktschreierisch den Wert und Nutzen ihres Geschenkes an. Nina spähte vorsichtig zum Kaffeetisch. Wo war die Erdbeertorte? Sie konnte nur eine Schokoladentorte und eine Nusstorte entdecken.

Beim Sturm auf den Kaffeetisch gab es gleich die erste Panne.

Frau Ganter hatte schon allen Kindern Kakao in die Tassen eingeschenkt. Nina bat um eine andere Tasse, da sie nicht wusste, ob sie Kakao vertragen konnte, und lieber ihren Tee trinken wollte. Mit angewiderter Miene goss Frau Ganter den Kakao in die Kanne zurück, ging wortlos in die Küche, spülte die Tasse aus und brachte sie Nina, die inzwischen entdeckt hatte, dass sich in der Schokoladencremetorte eine Schicht Erdbeeren verbarg. Sollte das der versprochene Erdbeerkuchen sein?

Frau Ganter legte ihr ein dickes Stück davon auf den Teller. „Hier, Nina. Da habe ich mir ganz besondere Mühe damit gegeben. Die Erdbeeren sind extra gekocht, damit du sie essen kannst“, verkündete sie.

„Aber ... ich kann doch keine Buttercreme essen“, erinnerte Nina zaghaft.

„Also, Nina, ich glaube, du solltest dich ein bisschen zusammennehmen!“ Frau Ganters Stimme wurde scharf. „Man kann sich auch eine Menge einbilden. So eine Krankheit gibt es ja gar nicht!“

Deutlich merkte Nina, wie die Stimmung einiger Kinder gegen sie unfreundlich wurde. Gaby tippte sich grinsend an die Stirn. Unter dem Tisch traf ein Fußtritt von Kata Ninas Schienbein.

Später, beim Spielen, versuchte sie, möglichst nicht aufzufallen. Leider bestand das Spiel vor allem im Suchen eines Schatzes, wobei die Kinder nach einer Landkarte drei Kilometer durch Wald und Wiesen traben mussten. Es strengte Nina sehr an, aber sie versuchte, auf keinen Fall zurückzubleiben. Zum Glück stellte sich nach kurzer Zeit heraus, dass niemand außer ihr mit einer Landkarte richtig umgehen konnte. Es war in der Schule nur ganz kurz besprochen worden, als Nina im Krankenhaus war, und weil sie nicht wusste, dass es nur einmal abgefragt wurde, hatte sie das Kartenlesen sehr ausführlich mithilfe von Adrian gelernt. Sie hatten auf verschiedenen Wanderkarten richtige Ausflüge unternommen, und nun wusste sie alles noch, was die anderen Mädchen schon wieder vergessen hatten.

So konnte sie glücklich verhindern, dass diese die eingezeichneten Höhenlinien für Wanderwege hielten und sich bei den Abzweigungen verzählten. An jeder Wegkreuzung fragten sie Nina deshalb aufgeregt: „Und hier, Nina? Guck mal, und hier?“

Der Weg führte auf einen Bauernhof. Da die Beschreibung hier endete, klingelte Anke an der Haustür. Die Bäuerin kam lachend heraus und zeigte den Kindern, dass der Schatz in der Scheune zu suchen war.

Mit begeistertem Gebrüll stürzten die Mädchen in die Scheune. Zuerst durchsuchten sie im Untergeschoss einen Traktor samt Anhänger und einen Stapel Säcke voller Düngemittel, konnten aber keine Spur des Schatzes entdecken. Eine Leiter führte zum Heuboden. Elf Mädchen schoben und drängelten sich die Leiter hinauf, die bedenklich ins

Schwanken geriet. Dann ließen sie sich übermütig ins weiche Heu fallen und wirbelten dabei dicke Wolken von grünlichem Staub auf. Sie wühlten sich in die Heuhaufen, bewarfen sich mit Heubüscheln und vergaßen fast, weshalb sie gekommen waren, bis Gaby plötzlich rief: „Mist! Wenn hier irgendwelche Hinweise auf den Schatz waren, haben wir sie jetzt total zertrampelt!"

Entgeistert starrten sie sich gegenseitig an. „Mensch sind wir doof!", rief Rina kopfschüttelnd. Dann begannen sie das Heu nach dem Schatz zu durchwühlen. Erst jetzt merkten sie, wie der Staub in Hals und Nase kitzelte, und niesend und keuchend schimpften sie über die schwachsinnige Idee, das Heu als Versteck zu verwenden. Als sie erfuhren, dass Gabys fünfzehnjähriger Vetter Sven das Geländespiel vorbereitet hatte, gab es kein gutes Haar mehr, das sie an fünfzehnjährigen Jungen im Allgemeinen und Sven im Besonderen ließen. Selbst Gaby schimpfte wie ein Rohrspatz. Als aber Kata anfing, laut und anzüglich von Vererbung und Familienähnlichkeit zu sprechen, wurde Gaby bitterböse. Es hätte nicht viel gefehlt, dass sie von ihrer eigenen Geburtstagsfeier weggelaufen wäre.

Zum Glück entdeckte jetzt Elsbeth etwas.

„Schau mal!" Sie stieß Nina mit dem Ellbogen an und deutete aufgeregt auf einen Kreidepfeil auf der Bretterwand. Der Pfeil saß über dem Fenster und zeigte senkrecht nach unten.

„Das kann ja wohl nichts mit dem Spiel zu tun haben", meinte Nina. „Das Heu am Fenster haben wir ja schon um und um gewühlt!"

Aber Elsbeth ließ sich nicht beirren. Sie öffnete das Fenster, warf einen Blick hinaus und begann zu lachen. Draußen, unter dem Fenster, hing an einem Strick ein Korb, und darin lag die heiß begehrte Schatzkiste! Ein geradezu geniales Versteck! Gemeinsam zogen Nina und Elsbeth den Korb hoch.

„He, ihr Streithammel!", rief Nina. „Wollte hier jemand eigentlich einen Schatz suchen?"

Alle stürzten zum Fenster. Im Nu war die Schatzkiste geplündert. Jede bekam ein Päckchen mit Schokolade, die Nina sofort an Elsbeth weitergab. Aber die bunten Haargummis und Aufkleber mit frechen Sprüchen, die außerdem in den Päckchen waren, konnte sie gut gebrauchen. Zufrieden stopften die Kinder ihre Schätze in die Hosentaschen.

Jetzt mussten sie sich aber beeilen, den Rückweg anzutreten. Vergnügt schwatzend kletterten alle die Leiter hinunter, während Nina und Elsbeth noch versuchten, das klemmende Fenster zu schließen.

Als sie auch hinuntersteigen wollten, war die Leiter verschwunden. Eben hörten sie noch das schwere Scheunentor zufallen. Lautes Gelächter entfernte sich rasch.

Was nun?

Im staubigen Dämmerlicht des Heubodens starrten sie sich an.

Nina stürzte zum Fenster. Es war jetzt völlig verkeilt und ließ sich nicht öffnen.

Nach längerem, gemeinsamem Zerren und Rütteln schafften die beiden Mädchen es schließlich, es aufzureißen.

„Hallo!", brüllten sie in den verlassenen Hof hinunter.

„Hallo! Hilfe!"

Lange rührte sich nichts. Endlich kam ein kleiner Junge in Anorak und Gummistiefeln aus der Haustür. Sie riefen und winkten. Der Kleine steckte einen Daumen in den Mund und starrte mit weit aufgerissenen Augen zu ihnen hinauf.

„Hol deine Mami!", baten sie. „Wir können hier nicht raus!"

„Jochen hat keine Mami!", rief der Kleine.

„Auch das noch!“, rief Elsbeth. „Vielleicht ist er ein Waisenkind, das hier zu Besuch ist. Er ist sicher noch zu klein, um zu kapieren, dass wir einfach irgendeinen Erwachsenen brauchen.“

„Wir wollen hier raus! Jemand hat die Leiter umgeschmissen!“, versuchte Nina es noch einmal.

Ein plötzliches Begreifen erhellte das kleine Gesicht, das Däumchen wurde aus dem Mund gezogen. Eifrig stiefelte der Kleine zur Haustür, öffnete sie und rief ins Haus: „Mutter! Da is wer!“

Trotz ihrer Aufregung mussten die Mädchen lachen. So war das also! Er hatte keine Mami, sondern eine Mutter! Ja, wenn sie das gleich gewusst hätten!

Kurz darauf waren sie befreit. Die Bäuerin, die ohnehin noch in die Molkerei fahren musste, nahm sie im Auto mit, fuhr einen Umweg und lieferte sie vor Ganters Haustür ab. So waren sie die Ersten, die ankamen.

Als vierzig Minuten später die Übrigen japsend, müde und abgekämpft eintrudelten, war ihre Verblüffung grenzenlos. Aber auf alle Fragen bekamen sie nur die kühle Antwort: „Tja! Man muss halt Karten lesen können und die kleinen Abkürzungen benutzen!“

Zum Abendessen gab es von Fett triefende Grillwürste und in Erdnussöl gebackene Pommes frites. Danach sollten noch ein paar Spiele stattfinden. Sonst wäre Nina nach Hause gegangen, denn ihr wurde schon von dem Fettgeruch übel.

„Ach“, sagte Frau Ganter. „Jetzt hab ich doch ganz vergessen, dass die Nina so was nicht essen will!“

„Ich will ja. Aber ich kann nichts Fettes essen“, erinnerte Nina.

„Nicht wollen und nicht können sind meistens dasselbe“, gab Frau Ganter zurück. – „So, hier habe ich jetzt eine Kelle Pommes auf Vliespapier ganz entfettet. Die kannst du nun aber wirklich essen!“

Nina wagte nichts mehr zu sagen. Es war scheußlich, immer so aufzufallen.

Die Pommes frites schmeckten ihr großartig. Sie hatte so lange keine mehr gegessen, dass sie nach dem ersten Kartoffelstäbchen einfach nicht mehr aufhören konnte. Aber kaum waren sie im Magen, begannen die Schmerzen. Sie wurden von Minute zu Minute schlimmer.

Es wurde Nina übel und schwindelig. Im Hals wurde es ihr so eng, dass sie zu ersticken glaubte. Sie kauerte sich in einen Sessel und krümmte sich, schmerzgepeinigt nach Luft ringend. Sie hatte Angst. Todesangst. Ihr Herz raste. Schmerz und Entsetzen schlugen wie eine dunkle Welle über ihr zusammen. Sie schrie, sog keuchend die Luft ein und merkte nicht einmal, dass sie selbst es war, die da so entsetzlich schrie.

Bald darauf kamen ihre Eltern, die Frau Ganter angerufen hatte. Dann lag Nina im Auto, hatte das Gefühl zu ersticken und schrie. Papa trug sie Treppe hinauf.

Dr. Michel kam und gab ihr eine Spritze, die sie entspannen sollte. Sie half nicht gegen die Schmerzen, aber Nina konnte wieder besser atmen. Von Zeit zu Zeit war es, als würden ihr Bauch und Brust mit Messern zerschnitten. Ihre Eltern hielten sie abwechselnd im Arm. Nina hörte nicht, was sie sagten. Sie brüllte vor Schmerzen.

Es war alles so schlimm wie am Anfang, als sie nach einem schönen Sommertag am Baggersee plötzlich diese Schmerzen bekommen hatte. Viele Ärzte hatten inzwischen daran herumgerätselt, ob das Gift daran schuld war, das aus der nahen Mülldeponie in den Baggersee geflossen war, oder ob ein ätzendes Reinigungsmittel in einer Softeismaschine Nina so krank gemacht hatte. Auch einige andere Kinder waren damals krank geworden, aber keines so schwer wie Nina. Ninas Papa meinte, bei ihr müssten mehrere Ursachen zusammengekommen sein.

Es wurde Nacht. Adrian und Benjamin waren schlafen

gegangen. Papa und Mama hielten Nina im Arm. Sie hatte keine Kraft mehr zum Weinen und stöhnte und wimmerte nur noch leise vor sich hin. Die Schmerzen ließen nicht nach.

„Mach mich tot, Mama!", keuchte Nina.

Mama presste sie weinend an sich. Papa wandte sich ab und lehnte seinen Kopf gegen den Schrank.

Nina wusste inzwischen, dass kein Arzt und kein Krankenhaus ihr würden helfen können. Gegen eine verätzte oder aus unbekannten Gründen entzündete Speiseröhre half nur die Zeit. Es würde sich „auswachsen", sagten die Ärzte. Aber nun hatte aufsteigende Magensäure nach dem Pommes-frites-Fett Ninas Speiseröhre erneut verätzt.

Es folgten Wochen auf der Couch im Wohnzimmer, mit Eiweiß-Flüssignahrung, Tee und in Tee aufgeweichtem Brot.

Alles fing noch einmal von vorn an. Nur diesmal kannten Ninas Eltern die Mittel, die eine Speiseröhrenentzündung wenigstens linderten, und wussten, wie Nina zu ernähren war. Nach drei Wochen war es so weit besser, dass sie wieder an die Schule denken konnte.

Annika hatte viele Gründe, warum sie ihr die Hausaufgaben nicht bringen konnte. Jens kam zweimal abends im Schutz der Dunkelheit, um ihr die Matheaufgaben zu erklären, und Elsbeth rief fast täglich an oder besuchte sie. Nina hatte große Angst, dass sie nun auch noch in der Schule „absacken" könnte und die Klasse wiederholen müsste. In ihrer jetzigen Klasse war sie zwar nicht glücklich, aber sie wusste wenigstens, auf wen sie sich verlassen konnte und wem sie möglichst aus dem Weg gehen musste. Sie wollte nicht wieder von Neuem mit dem „Sortieren" von Freund und Feind anfangen müssen.

In jeder schmerzfreien Zeit lernte sie deshalb verbissen den Schulstoff aus Büchern und den Heften von Elsbeth und Jens. Dennoch war sie oft sehr mutlos.

„Was hast du denn, Nina?", fragte Papa, als er ihr eine Tasse Tee hinstellte.

Sie warf ihr Matheheft in die Zimmerecke, dass es gegen die Wand flog und aufblätternd zu Boden klatschte.

„Ich kapier den Mist einfach nicht!"

Papa hob das Heft auf, studierte den Inhalt der letzten Seiten und erbot sich, die Aufgaben mit ihr zu üben.

„Ich schaff das aber nicht! Ich schaff die ganze blöde Schule nicht mehr!", klagte Nina und brach in Tränen aus.

Papa versprach ihr, dafür zu sorgen, dass sie wegen ihrer langen Krankheit auf jeden Fall probeweise in die nächste Klasse versetzt würde, aber sie weinte weiter und ließ keinen Trost an sich herankommen.

Da rief Papa Frau Weller an und erzählte ihr von Ninas Ängsten. Sie als Klassenlehrerin, meinte er, könne Nina sicher am besten beruhigen. Ob sie sich denn nicht einmal die Zeit nehmen könne, sie für eine halbe Stunde zu besuchen?

Frau Weller fand, sie könne nicht jedes Kind besuchen, das krank sei. Papa gab zu bedenken, dass es während ihrer gesamten Tätigkeit als Lehrerin vielleicht zwei- oder dreimal vorkomme, dass sie Klassenlehrerin eines so schwer und lange kranken Kindes sei, und dass sie doch versuchen möge, es einzurichten. Nina hätte diesen Trost bitter nötig.

Frau Weller antwortete ausweichend: Sie wisse noch nicht, sei in den nächsten Tagen sehr beschäftigt, und dann seien da ja auch noch die Elternabende ... Aber vielleicht könne Nina ja mal ans Telefon kommen?

Mit finsterem Blick und einer tiefen, senkrechten Furche

auf der Stirn schlurfte Nina zum Telefon. Ihr ganzer Körper drückte Missmut und Abwehr aus.

„Na komm! – Sie frisst dich schon nicht! Schon gar nicht durchs Telefon!“, flüsterte Papa lächelnd und gab ihr den Hörer.

„Na, was hab ich gesagt?!“, meinte er dann, als Nina einige Minuten später mit wesentlich freundlicherem Gesicht zu ihm in die Küche schaute.

„Also, meine Versetzung ist kein bisschen gefährdet; bloß die Noten sind natürlich nicht mehr so gut wie früher. Aber sie sagt, dass sie mir zutraut, dass ich das später leicht wieder aufhole. Komisch, die kann ja sogar nett sein!“

„Ja, am Telefon!“, sagte Papa. „Manche Menschen haben eine große Scheu davor, in die Nähe von Kranken oder unglücklichen Menschen zu kommen.“

„Denken sie, dass Unglück ansteckt?“

„Hm … ja. So ähnlich. Manche vielleicht. Aber die meisten fühlen sich einfach unsicher. Sie spüren, dass da etwas von ihnen verlangt wird, was sie nicht gelernt haben.“

„Trösten als Unterrichtsfach! Das wär´s!“, sagte Adrian, der eben in die Küche gekommen war und Papas letzte Bemerkungen mitgehört hatte.

„Das wäre gar nicht so komisch“, meinte Papa. „Wenn ich da so bei den Elternabenden höre, wie die Leute sich über Viertelnoten aufregen und über jedes Komma in den Schulaufgaben ihrer Kinder Bescheid wissen, dann zweifle ich daran, ob die sich auch noch die Zeit nehmen, mit ihren Kindern über das Verhalten gegenüber Schwächeren zu reden …“

„Wie Frau Ganter“, sagte Nina. „Die sagt einfach, ich hätte nichts.“

„Die meisten lösen so ein Problem mit Wegschauen“, sagte Adrian. „Auch die Lehrer. Die sind sowieso alle total aso…“

„He! Sei nicht so ungerecht!“, unterbrach Papa. „Als du

mal Liebeskummer hattest, da war es doch dein Deutschlehrer, der dir am meisten geholfen hat. Und wie war das noch mal mit den Sprüchen, die ihr auf die Schulhofmauer gesprüht habt? Da war es doch der Religionslehrer, so viel ich weiß, der dich und deine Freunde 'rausgepaukt und euch den Schulverweis erspart hat."

Nina war fasziniert. „Hach! Das wusste ich ja gar nicht! Was habt ihr denn da alles 'rangesprüht?"

„Ach, Friedenstauben. Die sahen aber aus wie halb gerupfte Schneegänse. Meine jedenfalls. Und dann natürlich Sprüche, wie ‚Brot statt Bomben' und ‚Waffenhändler auf den Mars' und so was. Mach mir das aber bloß nicht nach! Wir haben danach sechs Stunden lang schwitzend an der Mauer rumgeschrubbt ... He, was riecht denn da so gut?"

Adrian hob die Topfdeckel. „Hmmm! Gulasch mit Spätzle! Unser Väterchen wird immer besser im Kochen!" Er nahm einen Löffel Gulasch. „Autsch! Also heiß ist das jedenfalls. Aber sonst auch gar nichts ... Muss das so labberig schmecken? – Darf ich mal würzen?"

„Untersteh dich!", sagte Papa. „Dann kann Nina es nicht essen. Aber du kannst dir ja kiloweise Pfeffer und Paprika in den eigenen Teller schütten."

Benjamin trapste in die Küche und warf die Türe ins Schloss.

„Mensch, leise, Benjamin!", rief Papa.

Benjamin sah sich bedauernd nach der Türe um. „Naja! – Jetzt ist sie zu!", kommentierte er.

Nina unterdrückte ein Kichern, während Papa gewohnheitsmäßig ein bisschen wegen des Lärms und der geplagten Nachbarn schimpfte. Benjamin zeigte pflichtschuldig für ein paar Sekunden ein zerknirschtes Gesicht, meinte aber dann: „Beckers finden mich aber goldig, wenn ich Krach mache!"

„Dann mach doch bei Beckers Krach!“, schlug Adrian vor. „Aber ich glaube, du wolltest was erzählen.“

„Hja … wollte ich eigentlich. – Heute haben wir aber gelacht in der Schule …“

„Was habt ihr denn angestellt?“, wollte Papa wissen.

„Den Nils geärgert. Und wie!“

„Das finde ich aber gar nicht so toll, andere Kinder zu ärgern“, meinte Nina.

„Ach, der Nils, das ist ein Großer. Aus der Hauptschule. Mindestens …“ Benjamin stieg auf Ninas Schultasche, die sie neben der Küchentüre abgestellt hatte, reckte sich und streckte die Hand hoch, „mindestens sooo groß. Zwei Meter.“

„Vielleicht lässt du freundlicherweise meine Schultasche ganz! – Und was du da zeigst, ist höchstens ein Meter siebzig.“

Benjamin hopste von der Schultasche. „Also, der ist jedenfalls riiiiisig!“, bekräftigte er. „Und der ärgert immer die ganz Kleinen aus der Ersten. Einfach, weil es ihm Spaß macht.“

„Und was habt ihr da mit ihm gemacht?“, wollte Adrian wissen.

„Der hatte heute sein Turnzeug auf dem Fahrrad vergessen. Der Bernd und ich haben es genau gesehen. Und da hat der Bernd im Vorbeigehen einfach den Beutel mitgenommen. Im Klassenzimmer haben wir ihn aufgemacht. Die Sachen haben ganz eklig nach Schweiß gestunken. – Wir haben die Turnschuhbänder miteinander verknotet. Das waren bestimmt hundert Knoten! Und dann wollten wir das stinkige Zeug noch ins Waschbecken schmeißen. Aber da kam Frau Danner schon rein. Da haben wir uns das für die nächste Pause aufgehoben. Frau Danner ist immer an Bernds Platz vorbeigelaufen, hat geschnuppert und gefragt: „Was riecht hier bloß so abscheulich?“

Nina lachte. „Wie hast du es denn neben Bernd ausgehalten?“

„Fast nicht!“, gab Benjamin zu. „Mir ist beinahe das Frühstück hochgekommen! – In der Pause haben wir das Mistzeug im vollen Waschbecken versenkt. Die ganze Klasse hat gejohlt und getanzt, weil niemand den Nils leiden kann. Dann hat Pia, die immer so tolle Einfälle hat, eine Tintenpatrone aufgebissen und sie in das Wasser plumpsen lassen. Das war echt super! Das Turnhemd wurde ganz tintenblau. Vorher sollte das wahrscheinlich weiß sein! – Dann stand auf einmal Frau Danner hinter uns. Erwachsene wollen ja immer wissen, was man da gerade macht, obgleich es ihnen überhaupt nichts bringt, wenn sie es wissen. Jedenfalls, die Pia, die ist ja nicht doof, die hat ganz schnell gesagt: ‚Wir müssen mein Sportzeug waschen. Das ist ganz voll Tinte.‘ – Frau Danner hat gelacht und gesagt: ‚Dann wasch auch gleich deinen Mund. Du hast wohl Tinte gefrühstückt?‘ – In der großen Pause haben wir dann das Zeug ausgewrungen, in den Turnbeutel gestopft und dem Nils heimlich wieder auf den Gepäckträger geklemmt. – Na, der wird sich gefreut haben!“

Die Geschwister kicherten und beschrieben sich gegenseitig, was Nils wohl gesagt haben könnte, als er sein „gewaschenes“ Turnzeug entdeckte. Papa fand allerdings die Tinte im Turnzeug nicht so beglückend.

„Vielleicht müsst ihr dem Nils das Hemd ersetzen“, meinte er. Aber Benjamin ließ sich nicht beeindrucken. Mit onkelhaft erhobenem Zeigefinger belehrte er Papa: „Papa, du bist aber ganz von früher! Heutzutagige Tinte kann man mit heutzutagigen Waschmitteln aus allem rauswaschen. Du musst bloß mal die Waschmittelreklame im Fernsehen anschauen!“

Papa machte ein zerknirschtes Gesicht und meinte, er sei wohl sehr ungebildet und wolle sich bemühen, etwas ‚heutzutagiger' zu werden!

Bücher können trösten, aber Adrians freche Einfälle sind noch besser

„Da ist ja die blöde Nina wieder!", war das Erste, was Nina zu hören bekam, als sie nach vier Wochen endlich wieder das Klassenzimmer betrat.

Die Sitzordnung war verändert. Kata und Rina hatten sich jetzt ganz nach hinten gesetzt. Davor Annika und Gaby. Gleich hinter Nina saßen Elsbeth und Meike. Der Platz neben ihr war leer.

Es tat weh.

Aber eigentlich hatte sie schon so etwas erwartet, und so blieb sie äußerlich gefasst.

Elsbeth und Meike begrüßten sie erfreut. Auch ein paar von den Jungen murmelten etwas, das freundlich und begrüßend klang. Entschuldigend sagte Elsbeth: „Wir wären am liebsten beide zu dir nach vorn gekommen, als Annika da weggegangen ist. Aber es war ja nur ein Platz frei."

„Mach dir bloß nichts aus den Viechern da hinten!", flüsterte Meike.

Nina wusste, dass Annika gezwungen worden war, sich der Kata- und Rina-Bande anzuschließen und Gaby sich auch nur beeinflussen und mitziehen ließ. Es tat dennoch weh.

In der Pause spielten Kata und Rina mit Ninas Teeflasche

Fußball. Sie war aus Plastik und konnte das vertragen. Aber Nina hätte ihren Tee gerade dringend gebraucht. Ein größeres Mädchen, das Ninas Not beobachtet hatte, nahm den beiden die Flasche weg und gab sie ihr zurück.

Nina bemühte sich nach Kräften, sich ihren Kummer nicht anmerken zu lassen. Aber eigentlich hatte sie nur noch Angst, Angst vor den Schmerzen, Angst vor der Schule, weil sie nun wirklich in manchen Fächern den Anschluss nicht mehr fand, Angst vor den Bosheiten von Kata und Rina, und Angst vor den Nächten, in denen sie sich vor dem Einschlafen fürchtete, denn in ihren Träumen wurde sie immer wieder von Monstern und Mördern verfolgt.

Gut, dass es Benjamin gab mit seinen aufregenden kleinen Abenteuern und Adrian, der sie zum Lachen brachte und sie heimlich so besorgt anschaute. Und ihre Eltern, die ihr zwar oft lästig wurden mit ihren ängstlichen Bitten, doch mehr zu essen, die aber doch alles stehen und liegen ließen, wenn sie Trost brauchte.

Dann waren da noch ihre Bücher. „Bücher können auch Freunde sein", hatte Mama einmal gesagt. Damals hatte Nina das nicht verstanden. Seit aber die Krankheit sie oft einsam machte, war Lesen ihre liebste Beschäftigung geworden. Drei bis vier Kinderbücher holte sie sich Woche für Woche aus der Bücherei. Nicht alle mochte sie lesen. Manche legte sie nach den ersten Kapiteln wieder weg. In viele aber konnte sie hineingehen wie durch eine Tür. Dann war sie mittendrin im Leben und in den Abenteuern anderer Kinder, die nicht krank und traurig abseits sitzen mussten. Diese Kinder machten ihr Hoffnung, eines Tages wieder genauso stark und fröhlich zu werden wie sie.

Zu anderen Zeiten brauchte sie Bücher, in denen es nicht so heiter zuging. Dann suchte sie Geschichten von kranken oder einsamen Kindern, von solchen, die wegen ihrer

Herkunft verspottet wurden oder die einen schweren Kummer erleiden mussten. Mit ihnen fühlte sie sich verbunden. Dann war sie nicht mehr so allein mit ihren Schmerzen und Enttäuschungen.

Ihre liebsten Bücher, die immer auf ihrem Nachttisch liegen mussten, waren „Das Tagebuch der Anne Frank" und „Robinson Crusoe". Das „Tagebuch der Anne Frank" hatte Adrian ihr gegeben. Papa hatte gemeint, sie sei vielleicht noch ein wenig zu jung dazu. Er hätte nichts Besseres sagen können, um Ninas Ehrgeiz zu wecken, es doch zu verstehen.

Zuerst machte es ihr ein wenig Sorgen, dass Anne beim Beginn des Tagebuches schon dreizehn war. Aber dann hatte sie gar keine Schwierigkeiten damit.

„Das ist kein Wunder", sagte Adrian. „Du hast viel Zeit zum Nachdenken gehabt während deiner Krankheit. Dadurch kannst du auch ein Mädchen ganz gut verstehen, das älter ist als du."

Nina fand Ähnlichkeiten zwischen Annes Problemen und ihren eigenen. Annes Familie hatte sich jahrelang verstecken müssen, weil sie Juden waren und verfolgt wurden. Sie konnte es Anne so gut nachfühlen, wie einsam sie gewesen war, getrennt von ihren Freundinnen und ausgeschlossen von allem, was Kindern in ihrem Alter Freude machte.

Inzwischen hatte Nina begonnen, auch ein Tagebuch zu schreiben. Es war eine große Hilfe, alles ganz deutlich hinzuschreiben, was sie quälte.

„Robinson" war ihr ein großer Trost. Er war ein Mensch, der Schritt für Schritt gelernt hatte, mit seiner Einsamkeit umzugehen. Nina begleitete ihn mehrmals durch das Buch, erfand mit ihm alles neu, was ein Mensch zum Leben braucht, und hoffte und bangte mit ihm.

Schön waren auch die Stunden bei der alten Frau Hollenbeck. Sie konnte so spannend aus ihrem Leben erzählen, und Nina brauchte nur zuzuhören und musste selbst nicht tapfer und stark und mutig sein. Hier musste sie sich nicht entscheiden, ob sie bei einem Streich mitmachen wollte, und niemand verspottete sie, weil sie wegen ihrer Schmerzen ein verzagtes Gesicht machte.

Wieder einmal hatte sie sich zu Frau Hollenbeck geflüchtet. Die Vorfrühlingssonne malte warme Goldtöne auf die alten Möbel. Frau Hollenbeck hatte eine Schublade ihrer Kommode geöffnet. In Fächern und Schubladen zu stöbern und Dinge zutage zu fördern, von denen manche schon mehr als ein halbes Jahrhundert alt waren, fand Nina immer wieder von Neuem aufregend.

Frau Hollenbeck holte eine Schachtel heraus, die randvoll mit Knöpfen gefüllt war.

„So viele Knöpfe!“, staunte Nina. „Wozu brauchen Sie die denn?“

„Das sind meine Erinnerungsknöpfe“, sagte Frau Hollenbeck.

„Ihre … was?“

„Ja, schau mal rein. Da erinnert mich jeder Knopf an etwas, das ich erlebt habe.“

„So viele Erinnerungen?“

„Es ist ja auch schon ein langes Leben. Du brauchst nur irgendeinen Knopf herauszunehmen, und ich erzähle dir die Geschichte dazu!“

„Aber – so viele! – Das können Sie sich doch nicht alles gemerkt haben.“

„Probier´s doch einfach mal!“

Nina wühlte in der Schachtel und hielt dann ein hellblaues, herzförmiges Knöpfchen auf der offenen Hand.

„Ach, das Pulloverknöpfchen von Annemarie! Es gehörte

auf einen winzigen hellblauen Pullover, den ich meiner Tochter gestrickt hatte, als sie ein Jahr alt war. Das war – das war 1944."

„Test bestanden!", lobte Nina. „Darf ich weiterfragen?"

„Frag' nur."

Nina griff in die Schachtel. Auf eine Schnur gefädelt, fand sie sechs weiße, perlmuttschimmernde Kugelknöpfchen.

Frau Hollenbeck nahm sie in die Hand und betrachtete

sie lange. Dann seufzte sie tief. „Die waren für mein Hochzeitskleid gedacht ..."

„Nur gedacht?", fragte Nina zaghaft. Frau Hollenbeck sah so traurig aus.

„Ja", sagte sie leise. „Mein Verlobter ist im Krieg gefallen. Mein Brautkleid habe ich nie fertig genäht."

Nina hob die Hand, als wolle sie die alte Frau streicheln, und hielt mitten in der Bewegung inne. Störte sie Frau Hollenbeck in ihrer Trauer, wenn sie sie berührte? ‚Trösten als Schulfach – das wär´s!´, hörte sie in Gedanken Adrian sagen.

Jetzt nahm Frau Hollenbeck Ninas Hand in beide Hände. „Ich habe dann später doch geheiratet!", sagte sie in beruhigendem Ton, als müsse sie nun Nina Trost geben. „Aber ohne Brautkleid. Das lag unter den Trümmern meines Elternhauses, das von einer Bombe getroffen worden war."

„Aber die Knöpfe ..."

„Ja, die Knöpfe! Die habe ich im Schutt wiedergefunden. Später wollte ich sie auf Annemaries Taufkleid nähen. Aber dann bekam ich ein Taufkleid geschenkt, von einer sehr lieben Freundin, die ich nicht kränken wollte ..."

„Nein!" Nina lachte unsicher. „Dann sind die Knöpfe niemals auf ein Kleid genäht worden?"

„O, doch!" Jetzt lächelte Frau Hollenbeck. „Zu Annemaries Konfirmation hatte ich mir eine weiße Seidenbluse nähen lassen – mit diesen Knöpfen!"

„Na, endlich sind sie doch noch gebraucht worden!"

„Denkst du! – Sie wurden noch vor dem Fest wieder abgetrennt!"

„Das gibt´s doch nicht!"

„Doch! – Aber diesmal war es ein sehr schöner Grund. Am Abend vor dem Fest kam mein Mann strahlend nach Hause und legte ein Kästchen vor mich hin. Meiner Konfirmandenmutter!, hat er gesagt. Und da war eine Perlenkette drin. Zuchtperlen. Die sind nicht so teuer. Aber mein Mann hatte dafür Überstunden gemacht. Kannst du dir denken, warum ich die Perlenknöpfe wieder von der Bluse getrennt habe?"

„Klar! Die hätten ja die Wirkung von der Kette kaputt gemacht! Und womit haben Sie die Bluse dann zugemacht?"

„Ach, das war gar nicht so einfach. Ich habe die halbe Nacht dagesessen und Knöpfe mit der Blusenseide überzogen."

„Sie haben Ihren Mann sehr lieb gehabt!", sagt Nina.

„Ja", sagte Frau Hollenbeck. Sie wiegte die kleinen Knöpfe in der Hand, als seien sie etwas Lebendiges. Sie schimmerten mattrosa in der Abendsonne.

„Willst du sie haben?", fragte sie plötzlich.

„Aber ... die sind doch für Sie – etwas – ja, etwas sehr Wertvolles, oder nicht?"

„Ja", sagte die alte Frau. „Deshalb sollst du sie ja auch haben. Wenn ich mal tot bin, wird meine Knopfschachtel vielleicht weggeworfen, und niemand weiß mehr etwas von meinen Erinnerungen."

Vorsichtig nahm Nina die Knöpfe in die Hand.

„Danke. Dann nehme ich sie doch und hebe sie auf. Und später erzähle ich vielleicht mal meinen Enkelkindern die ganze Geschichte, und auch, dass ich die Knöpfe bekommen habe, als ich so krank war und gedacht hab, das hört gar nicht mehr auf."

Frau Hollenbeck lachte leise und zog Nina an sich.

„Wenn du jetzt schon deine Enkelchen planst, dann glaubst du ja wohl doch, dass mit dir alles wieder gut wird. – Was möchtest du denn eigentlich mal werden – außer Großmutter, meine ich?"

„Arzt ... Kinderärztin."

„Ach, und ich dachte, du bist von Ärzten gar nicht so begeistert. Du schimpfst doch immer, weil sie nicht so schnell herausgefunden haben, was dir fehlt."

„Na ja, da konnten die ja auch nichts dafür. Solche Krankheiten wie meine sind noch neu. So was will ich doch erforschen. Ich meine, wie die ganzen Umweltgifte auf Kinder wirken. Gerade solchen Kindern will ich helfen. Wenn ich an die ganz Kleinen denke, die noch nicht reden und einfach nur weinen können ... also, dann kann es gar nicht genug Ärzte geben, die so ein Kind dann genau beobachten! Und dann möchte ich mal so werden wie der Doktor Hemdenmatz – äh – der Professor Matz. – Kann eine Frau Professor werden?"

„Aber natürlich, Nina! – Du bestimmt! Und dann bildest du junge Ärzte und Ärztinnen aus und sagst ihnen, wie sie mit Kindern umgehen müssen!"

Bald darauf holte Adrian Nina ab, weil er mit ihr unbedingt in einen Zeichentrickfilm gehen wollte. Er hatte ihr schon vorher erzählt, dass dieser Film ihr bestimmt sehr gefallen werde. Nina amüsierte sich insgeheim darüber. Sie war sicher, dass ihr Bruder sich genierte, allein in diesen Kinderfilm zu gehen, und seine kleine Schwester als Vorwand brauchte.

Aber er hatte nicht zu viel versprochen. Der Film war umwerfend komisch. Und außerdem konnte Adrian so herzlich lachen, dass es jeden mitreißen musste. Wenn Nina halb das Geschehen auf der Leinwand verfolgte und halb aus dem Augenwinkel Adrian beobachtete, war ihr Spaß doppelt groß.

Das erzählte sie ihm später, als sie sich in einem Café Käsekuchen und Tee schmecken ließen.

„So so! Du findest mich also komischer als die Comic-Figuren im Film!"

„Nee! Aber bei dir lacht alles. Nicht nur das Gesicht. Der ganze Körper. Da muss ich einfach mitlachen, sogar, wenn es mir nicht besonders gut geht."

Adrian grinste angeregt. „Aha! Du beobachtest dauernd, wie ich sogar mit den Bauch- und Pofalten lache! Mein Gesicht ist dir nicht so wichtig!"

„Blödian!" Nina verschluckte sich vor Lachen an einem Stück Kuchen, und Adrian musste ihr kräftig auf den Rücken klopfen. Sie hustete und gluckste und versuchte es mit einem Schluck Tee. Aber der machte es nur noch schlimmer, denn nun kam ihr der Tee vor Lachen wieder zur Nase heraus.

Die Leute an den Nachbartischen betrachteten das Geschwisterpaar mit angewiderten Blicken. Obgleich Nina aufhören wollte zu lachen, konnte sie es nicht verhindern, sich vorzustellen, wie Adrian und sie das nächste Mal ohne Kleider ins Kino gehen würden, damit Nina seine Bauch- und Pofalten besser beim Lachen beobachten konnte. Das sagte sie ihm dann auch. Adrian wurde es langsam etwas peinlich. Um sie herum erhoben sich Gekicher und entrüstetes Gemurmel. Aber Nina war nicht zu bremsen. „Und dann male ich dich, und du wirst eine berühmte Comic-Figur, vor allem von hinten ... und dann ..."

„Nina! Jetzt hörst du aber auf!"

„Nein! – Außerdem hast du damit angefangen! – Und dann mach´ ich ein Poster von dir, und dann ..."

„Nina! Die schmeißen uns hier gleich raus! – Würdest du bitte für solche Gespräche unsere Muttersprache gebrauchen? – Rabaplemplem wuhihutla trahidumdum!!"

Nina starrte ihn mit offenem Mund an. Im Comicfilm hätte sie jetzt sicher eine Denkblase voller Fragezeichen ausgestoßen.

„Mistikala muksow blabla dahitlu?", fragte Adrian in besorgtem Ton.

„Äh –", brachte Nina nur hervor.

Er legte eine Hand auf ihren Arm und sagte tröstend: „Wasitrova musinawa wawai!"

Jetzt hatte sie begriffen, dass Adrian einfach nur gerade eine Sprache erfand. Sie versuchte, nicht zu lachen.

„Mahitoxa baffbaff nisito!", antwortete sie todernst. Das Getuschel am Nebentisch war ein Genuss: „Portugiesisch. – Das muss Portugiesisch sein."

„Glaub´ ich nicht. Das ist doch eindeutig eine slawische ..."

„Erlaube mal ... slawisch! Unmöglich! – Ich war jahrelang drüben in Mexiko, und ich sage dir, das klingt eindeutig nach einem indianischen Dialekt!"

Nina versuchte, ernst zu bleiben. Ihr war auch eigentlich nicht so sehr zum Lachen zumute, denn es wurde ihr übel. Sie legte ihre Hand auf ihren Magen und jammerte: „Murksimaga übella tumkotz!"

Verständnisvoll deutete Adrian zum Ausgang: „Ufilaz darideija türlitörli aussi?"

Sie nickte. Adrian rief: „Zahlen, bitte!"

Nina holte ihren Anorak und hörte: „Und es ist doch eine romanische Sprache. Wie gesagt, portugiesisch oder ..."

„Aber nein, aber nein! – Eben klang es doch wie Schwyzerdütsch!"

„Haha! So ein Blödsinn! – Hör doch mal zu..."

„Fasitrowa nixavergessi, Nina?", rief Adrian. Sie schüttelte den Kopf: „Rasatomtom quarkiplem nisilbuffo!"

„Nina! Da hörst du es!", zischte die Dame am Nebentisch. „Das ist spanisch und bedeutet: Mädchen!"

„Hähä! Mal was von Aussprache gehört!", höhnte ihr Begleiter. „Da müsste es Ninja heißen! – Und überhaupt, deine ewige stumpfsinnige Rechthaberei ..."

Die Meinungsverschiedenheit schien nun in einen erbitterten Streit auszuarten. Adrian konnte gerade noch die Türe von außen schließen, ehe er laut herauslachte. Auch Nina bog sich vor Lachen und musste sich an ihrem großen Bruder festhalten, um nicht gegen die Schaufensterscheibe des Cafés zu taumeln.

7

Nina rettet Kata aus einer großen Gefahr, aber Benjamin möchte Ninas Feindin in den Neckar werfen

Die kleine Stadt feierte ihr Frühlingsfest. Es gab einen Umzug mit Blaskapellen und geschmückten Wagen, und die Kinder trugen mit bunten Bändern verzierte Stecken, auf die sie als Krönung Brezeln aufgesteckt hatten. Mitgeführt wurde „der Winter", ein Schneemann aus Stroh, Draht und Papier, dem am Schluss auf einem Scheiterhaufen der Garaus gemacht wurde. „Winter ade", sangen dann die Kleinen und schwenkten ihre Stecken. Das wurde auch Zeit, dass der Winter sich verabschiedete, fand Nina, denn durch die Straßen fegte ein schneidend kalter Wind.

Für die Größeren gab es einen Rummelplatz mit Karussell, Geisterbahn und verschiedenen Buden, an denen man Krimskrams, Süßigkeiten oder Lose kaufen konnte. Es war eigentlich jedes Jahr das Gleiche und für Kinder in Ninas Alter ein bisschen langweilig. Spaß machte es nur noch mit einer ganzen Schar von Freunden.

Diesmal hatte Kata gefragt: „Wer geht alles mit auf den Rummel?" Die halbe Klasse hatte sich gemeldet. Da hoffte Nina, in einer großen Gruppe würden sich die Klassentyrannen sicher nicht auf sie konzentrieren, und war rechtzeitig auch am Treffpunkt.

Wirklich! Diesmal war als Erstes jemand anders die Zielscheibe ihrer Bosheiten. Der schüchterne Micha, der nur redete, wenn man ihn ansprach, hatte einen nagelneuen Anorak an, dunkelgrün mit dunkelblauem Plüschfutter.

„Iiii!“, schrie Rina sofort. „Grün! Ist ja abschreckend! Ich habe noch nie gesehen, dass ein Junge einen grünen Anorak trägt!“

Nina fand Michas Anorak in Ordnung und sah sich um. Es stimmte; soweit sie sehen konnte, trug kein Junge Grün. Grau, Dunkelblau, Rot, Beige, Braun, Khaki – aber kein Grün.

„Hat den deine Mutter auf dem Altkleiderbasar ersteigert? – Was kriegst du denn dafür, dass du damit rumläufst?“

„Klappe!“, sagte Micha und hielt Rina die Faust unter die Nase. Rina zog sich zwei Schritte zurück. Aber schon hatte Kata mit einem schnellen Griff in Michas rückwärtigem Halsausschnitt das Firmenschildchen hochgezerrt.

„O je, o je! Bollmann! Was soll denn das sein? Das ist doch wohl die Hausmarke vom Kaufhaus Ramsch und Co.! – Der arme, arme Micha! Schluchz!“

Micha versetzte Kata im Umdrehen einen Tritt vors Schienbein. Sie flüchtete mit einem Aufschrei, rief dann aber sofort von Weitem: „Wir kaufen nur bei Sport-Pfitzner. Hier, schau dir mal meine Jacke an, falls du noch nie anständige Klamotten gesehen hast.“

Umringt von seinen Freunden, fühlte Micha sich sicher. „Ist ja zum Kotzen, dein doofes Babyjäckchen!“, schrie er, und Jens verstärkte: „Schweinchenrosa! Igittigitt, die reinste Sabberfarbe! Auch noch zu strohblond! Dummwiebohnenstrohblond! Total zum Abgewöhnen!“

Rina streckte ihm die Zunge heraus: „Bäh! Bist ja bloß neidisch, weil du das ganze Gelump von deinem großen Bruder auftragen musst!“

Jens tippte sich an die Stirn. „Und du? – Nicht mal für´n Bruder hat es bei euch gereicht!"

Dirk näherte sich Rina mit hinterhältigem Lächeln: „Stimmt es, dass du acht Urgroßeltern hast?"

„Hä? – Wieso? – Hat doch jeder!", meinte Rina verwirrt.

„Ach, ja? – Und Großeltern vier, Eltern zwei ..."

„Na und? – Was soll der Schwachsinn?"

„Tja, das ist es ja eben. Jetzt wundert mich gar nichts mehr. Die ganze Blödheit von vierzehn Leuten auf ein armes Einzelkind vererbt ..."

Die Jungen tobten und hüpften vor Begeisterung, während Rina versuchte, Dirk mit den Fingernägeln ins Gesicht zu fahren. Kata und Anke hielten sie zurück. „Komm, Rina. Lass doch die Idioten. Wir haben ja gleich gesagt, dass es mit den Jungs zusammen blöd wird."

So gingen Jungen und Mädchen wieder getrennte Wege. Nina fand das sehr schade, denn sie hatte deutlich gesehen, dass einige Mädchen an Dirks frechen Bemerkungen Spaß gehabt hatten und nur deshalb hinter vorgehaltener Hand zu lachen gewagt hatten, weil es gefährlich war, Katas und Rinas Zorn zu erregen.

Ganz von selbst teilte die Mädchengruppe sich nun noch einmal.

Kata und ihre Anhänger blieben zusammen, während Nina sich Elsbeth, Meike, Inga und Christine anschloss. Aber nach kurzer Zeit verlor sie die Gruppe im Gewühl aus den Augen. Gleich darauf traf sie Annika, die sich eben ein Schälchen Pommes frites gekauft hatte.

„Komm", sagte Annika. „Die andern sind bei der Zuckerbude."

Kata und Rina aßen Zuckerwatte, Gaby gebrannte Mandeln.

„Ach, da kommt ja unser Streberlein", bemerkte Rina.

„Hier, willst du ein Stück?“ Sie zupfte ein Stück rosa Zuckerwölkchen ab und hielt es Nina grinsend hin.

„Nein, danke“, sagte Nina. „Zucker geht bei mir nicht.“

„Aber vielleicht gebrannte Mandeln?“, bot Gaby scheinheilig an.

„Da ist auch zu viel Zucker dran. Danke. Ich suche mir selbst was aus.“

„Pommes frites gefällig?“, Kata hielt Nina eines von Annikas Pommes frites unter die Nase.

„Auch nicht, danke. – Aber vielleicht kann ich das Lebkuchenherz hier essen.“

„Auch nücht, dankö!“, versuchte Kata ihre Sprache auf „vornehm“ zu trimmen. „Üch bün nämlich die berühmte Nüna, und mür üst das hür alles nücht vornöhm genug. Pfui, was für primitüves Zeug düse Loite doch össen!“

Nina tat, als hätte sie nichts gehört und kaufte sich ein Lebkuchenherz. Natürlich musste sie zuerst den Zuckerguss davon abkratzen, weil sie reinen Zucker nicht vertrug.

„Bäh!“, machte Rina. „Sieht ja scheußlich aus, was Nina mit ihrem Lebkuchen macht.“

„Kotz! Würg! Spei!“, ergänzte Kata. „Gleich schlürft sie wieder ihre Spucke. Das kann ich nicht sehen. Ich hau´ ab!“

Nina hatte keine Lust, allein zu bleiben. Außerdem hoffte sie immer noch auf eine Möglichkeit, mit Annika allein zu sein. Konnte Annika denn ihre frühere Freundschaft ganz vergessen haben? Nina glaubte zu sehen, wie sie unter dem Zwang litt, den Kata und Nina auf sie ausübten.

„Ich komme mit!“, rief Nina. „Meinen Lebkuchen kann ich ja später essen, wenn es euch jetzt stört.“

„Wag bloß nicht, uns nachzukommen“, sagte Gaby. „Ich will mich nicht anstecken.“

„Wahrscheinlich hat sie Krebs oder so was“, vermutete Rina.

„Oder AIDS. – Iiii! Rennt, was ihr könnt! Die Nina hat AIDS!“, brüllte Kata.

„Mann, seid ihr hohl!“, rief Nina ihnen nach, aber da waren sie schon zwischen den Buden verschwunden, und es nützte ihr wenig, dass sie die gehässigsten Schimpfwörter vor sich hinmurmelte, die ihr einfielen.

Zuerst aß sie ungestört ihr Lebkuchenherz und nahm ihre Medizin.

Dann setzte sie sich eine Weile ins Festzelt, weil ihr übel war. Aber von der lauten Musik und den Bier- und Brathähnchendüften wurde es ihr auch nicht besser. Sie beschloss, sich etwas Hübsches zu kaufen, um sich selbst zu trösten. Einen kleinen Ring vielleicht mit einem farbigen Stein. Auf der Suche nach der Schmuckbude sah sie ihre Feindinnen wieder. Sie umringten einen jungen Mann, der gerade am stillstehenden Kinderkarussell etwas reparierte und daneben lachend mit weit ausholenden Gebärden Erklärungen für die andächtig lauschende Mädchenschar abgab. Er gefiel Nina nicht. Sie fand, dass er mächtig angab, um ein paar kleine Mädchen zu beeindrucken. Dabei war er sicher schon weit über zwanzig.

Nina bog zur Schmuckbude ab und fand dort einen schönen Ring mit einem türkisfarbenen Stein. Er kostete fünf Euro, und sie steckte ihn gleich an den Finger. Von Zeit zu Zeit zog sie im Weitergehen die Hand aus der Anoraktasche und ließ den Stein im Licht funkeln. Eigentlich hätte sie jetzt nach Hause gehen können, aber dann hätte Papa sicher viele besorgte Fragen gestellt. So machte sie eine neue Runde über den Rummelplatz, immer in der Hoffnung, eines der netteren Kinder aus ihrer Klasse wieder zu finden.

Zuerst schaute sie zu, wie die Fäden der Zuckerwatte aus dem großen Kupferkessel gedreht wurden. Dann stellte sie sich in die Schlange der Kinder, die auf das Ponyreiten warteten. Aber zwanzig Minuten Wartezeit wurden durch die kläglichen drei Minuten Reitzeit nicht aufgewogen. Und dafür war sie auch noch zwei Euro losgeworden! –

Am Kleinkinderkarussell, das sich jetzt wieder drehte, schaute sie eine Weile den drolligen Winzlingen zu, die selig lächelnd oder auch ängstlich angeklammert in Feuerwehrautos, Bussen und Hubschraubern saßen.

Später suchte sie den Toilettenwagen. Er stand ein wenig abseits hinter den Buden und Wohnwagen. Als sie wieder herauskam, hörte sie eine bekannte Stimme und schaute vorsichtig in das erleuchtete Fenster eines Wohnwagens. Da sah sie Kata und den jungen Mann vom Kinderkarussell an einem Tischchen sitzen. Sie schwatzten und kicherten, und sicher hätte sie herauszufinden versucht, was sie so lustig fanden, wenn ihr der Anblick von Kata nicht so zuwider gewesen wäre, dass sie sich auf dem Absatz umdrehte und nach der anderen Seite verschwand.

Gleich darauf traf sie Elsbeth, die auch die anderen Mädchen aus den Augen verloren hatte. Sie freuten sich sehr, einander zu sehen, und beschlossen, zu Nina nach Hause zu gehen und dort eine Weile zu spielen.

Benjamin hatte das ganze Wohnzimmer in eine Rennbahn für seine Matchboxautos verwandelt. So verzogen sich die Mädchen in Ninas Zimmer. Es fiel Nina auf, dass Elsbeth auf sämtliche Spielvorschläge einging und offenbar ängstlich versuchte, es Nina recht zu machen.

„Sag doch auch mal was, Elsbeth“, versuchte Nina sie zu ermuntern. „Was spielst du denn gerne?“

„Och!“ Elsbeth war verlegen. „Wozu? Das ist doch gut, was du machen willst.“

Es war langweilig. Elsbeth war so lieb, wenn jemand krank war oder Kummer hatte, aber offenbar ganz ohne eigene Meinung und Phantasie. Schade. Mit so einer Freundin konnte Nina auf die Dauer wenig anfangen. Wie viel Spaß hatte sie dagegen früher mit Annika gehabt! Sie hätte weinen können, wenn sie daran dachte.

Da sah sie, wie sich Elsbeth ganz verstohlen eine Träne wegwischte. Trauerte sie auch einer früheren Freundin nach?

„Elsbeth!“, sagte Nina. Elsbeth wandte sich ab. Nina legte

ihr die Hand auf die Schulter. „In Ungarn war alles einfacher für dich, ja?"

Elsbeth versteckte den Kopf in ihren Armen und begann zu schluchzen. Nina sagte nichts. Sie ließ nur ihre Hand auf Elsbeths Arm liegen und ließ sie weinen.

„Erzähl mir von Ungarn", bat Nina schließlich, als das Weinen leiser geworden war.

Und dann erzählte Elsbeth von ihrem Dorf in der Nähe einer großen Stadt, deren Namen Nina schwer aussprechen konnte, und von den vielen Freunden, der freundlichen Lehrerin, den vielen Verwandten und Freunden der Eltern.

Dass sie arm waren, und dass der Vater Angst hatte, seine Kinder würden nach ihrer Ausbildung niemals eine Arbeitsstelle finden, das hatte natürlich mehr den Eltern Sorgen gemacht als ihr selbst. Aber dann war eines Tages der Vater nach Deutschland gereist, wo Verwandte ihm eine Stelle besorgt hatten, und kurze Zeit später hatte er seine Familie nachgeholt, und aus Erzsébet war eine Elsbeth geworden.

Sie erzählte, wie schwer die beiden Jahre, die sie schon hier war, für sie gewesen waren: herumgereicht zwischen entfernten Verwandten und nirgends mehr zu Hause.

„Aber jetzt", sagte Nina. „Jetzt, wo ihr die schöne Wohnung bekommen habt – ist es da nicht schon besser geworden?"

„Na ja – aber die Menschen! Unsere Nachbarn reden nicht mit uns. Und ich habe immer Angst, ich mache alles falsch. Meine Eltern sagen auch dauernd, ich soll versuchen, nicht aufzufallen."

Nina lachte sie an. „Ach was, trau dich mal! Du machst schon nichts falsch! Was würdest du denn wirklich jetzt gerne machen?"

Elsbeth überlegte. Dann fragte sie: „Hast du Fotos aus der Zeit, wo du klein warst!"

„Klar, ganze Alben voll. Auch von meinen Brüdern. Sogar von meinen Eltern auf der Hochzeitsreise." – „Toll", sagte Elsbeth. „Können wir die mal ansehen? Ich möchte so gern ganz viel von dir wissen."

Die Mädchen schleppten einen Arm voll Fotoalben in Ninas Zimmer, und Nina fragte Elsbeth, ob sie auch Fotos von zu Hause hätte.

„Wir haben nur ein paar mitgenommen. Aber meine Tante in Ungarn kann mir welche schicken."

„Gut", sagte Nina. „Du musst ihr bald schreiben. Ich will nämlich auch ganz viel von dir wissen."

Später fuhr Papa Elsbeth nach Hause. Nach dem Abendessen musste Nina wieder ihre gewohnte Übelkeit bekämpfen und suchte etwas, um sich davon abzulenken. Die Tageszeitung war bei dem Foto einer Robbe aufgeschlagen. Das interessierte Nina, und sie verkroch sich mit der Zeitung tief in einen Sessel.

Das Telefon im Flur läutete. Papa nahm ab und kam gleich darauf ins Wohnzimmer gestürzt: „Katas Vater ist am Telefon. Sie ist nicht vom Rummelplatz nach Hause gekommen. Herr Meisengeier will wissen, ob du etwas über sie weißt."

„Nö", sagte Nina. „Die wollten mich nicht dabei haben, Kata und ihre doofe Bande. Da weiß ich auch nicht, wo die sich rumtreibt."

„Sie sollte spätestens um sechs zu Hause sein, sagt ihr Vater. Jetzt ist es halb acht. Angeblich ist sie sonst immer pünktlich."

„Und was kann ich dafür, wenn sein blödes Mustertöchterlein nicht nach Hause will?", schmollte Nina und vertiefte sich wieder in den Robben-Artikel.

„Nina!", Papas Stimme wurde scharf. „Jetzt hör mal auf zu lesen und konzentriere dich. Sie haben schon überall angerufen. Die anderen Kinder sind alle zu Hause."

„Wie schön für sie", sagte Nina patzig. „Jedenfalls war Kata so gemein zu mir, dass es mich kein bisschen interessiert, was sie macht. Das kannst du ihrem Vater ausrichten."

„Also, Nina, das finde ich nicht richtig. Auch wenn Kata boshaft zu dir war, müssen das doch jetzt nicht ihre Eltern büßen."

„Doch", beharrte Nina. „Wer hat sie denn sonst so verkorkst?"

„Also, Nina, wir wollen das jetzt mal beiseite lassen. Wann bist du vom Rummelplatz weggegangen?"

„Kurz nach fünf. Mit Elsbeth. Aber da war es schon eine Stunde her, seit ich Kata und ihre Freunde zuletzt gesehen habe. Da sind sie vor mir weggerannt, weil ich angeblich AIDS habe."

„Was?", Papa war entsetzt. „So was sagen die? Das muss ich aber gleich Herrn Meisengeier … ach, nein, das ist jetzt wohl nicht der richtige Moment dazu. – Hallo, Herr Meisengeier! Sind Sie noch dran? – Also meine Tochter weiß auch nichts. Sie hat Kata zuletzt um vier Uhr gesehen. Ja, tut mir leid. Hoffentlich kommt sie bald. Kinder vergessen so leicht mal die Zeit, wenn sie etwas spannend finden. Vielleicht ist ja auch ihre Uhr stehen geblieben. – Also, jedenfalls alles Gute. Auf Wiederhören."

„Katas Mutter und ihre beiden Schwestern suchen sie auf dem Rummelplatz", sagte Papa.

„Wahrscheinlich war Kata zu jemand so pampig wie zu mir", vermutete Nina. „Und da ist sie mal an den Falschen geraten, und der hat sie in die Mülltonne gestopft. Vielleicht der komische Knilch, mit dem sie im Wohnwagen gequasselt hat!"

Papa achtete nicht darauf, sondern überlegte laut, ob es nicht sinnvoll wäre, die Polizei einzuschalten. Nina murmelte, dass die Polizei wahrscheinlich Besseres zu tun habe, als diese Giftspritze zu suchen, und blätterte weiter in der Zeitung. Sie las die vierundsechzigste Folge des Fortsetzungsromans und vergnügte sich damit, sich vorzustellen, was in den bisherigen dreiundsechzig wohl passiert sein könnte.

„Acht Uhr, Nina", sagte Papa. „Zeit fürs Waschen, Zähneputzen, Schönheitsmaske auflegen ..."

Nina lachte und versuchte, die Zeitung zusammenzufalten. Beim Kampf mit den widerspenstigen Blättern fiel ihr Blick auf ein Gesicht, das ihr bekannt vorkam. „Sittenstrolch gesucht" stand darunter. Aufgeregt begann sie zu lesen. Ein junger Mann hatte in einer Fußgängerunterführung zwei kleine Mädchen „unsittlich belästigt". Die beiden waren entkommen und schnurstracks zur Polizei gerannt. Nach ihrer Beschreibung vermutete die Polizei, dass es sich bei dem Mann um einen schon mehrfach wegen solcher Vergehen Vorbestraften handelte.

„Papa, schnell ... die Polizei!", schrie Nina. Sie war so aufgeregt, dass sie nur auf das Bild deuten konnte. Sie schluckte, setzte zum Sprechen an und schluckte wieder. Kein weiteres Wort wollte sich formen lassen. Dabei tippte sie unentwegt auf das Bild.

„Was ist denn damit, Nina?" Papa legte beruhigend den Arm um sie.

„Der da!", keuchte Nina. „Der da! – Mit dem war Kata zusammen. Du musst die Polizei – schnell Papa! Ruf die Polizei an! – Vielleicht hat er ihr noch nichts getan. Schnell! Mach doch, Papa!"

Papa las zuerst einmal den Artikel. Nina weinte fast vor Aufregung.

„Bist du sicher, dass der Mann, mit dem du Kata gesehen hast, diesem hier ähnlich sah?"

„Ja, ja, ja!", schrie Nina. „Mach doch schnell! Sonst ruf´ ich selber an!"

Papa rief aber zuerst Herrn Meisengeier an und erzählte ihm von Ninas Beobachtung. Daraufhin entschied Katas Vater, sofort die Polizei zu verständigen.

Zwanzig Minuten später war Kata gefunden und kurz darauf wohlbehalten wieder zu Hause. So viel war zu erfahren, als Ninas Vater kurz nach neun Uhr noch einmal bei Meisengeiers anrief. Über Einzelheiten konnten Katas Eltern jetzt doch nichts sagen, da noch zwei Polizisten dabei waren, Kata auszufragen.

Um halb elf rief Herr Meisengeier noch einmal an. Nina war viel zu aufgeregt, um zu schlafen, und so erfuhr sie nun, dass Kata und der verdächtige junge Mann friedlich in einem Wohnwagen gesessen hatten. Der Mann hatte Kata Kartenkunststücke vorgeführt, und Kata war sehr verärgert über die Polizisten gewesen, die ihre spannende Unterhaltung beendet hatten. Sie hatte gar nicht fassen können, dass es schon so spät war.

Den Eltern hatte sie erzählt, wie toll sie Max fand, mit dem ihr die Zeit wie im Flug vergangen war. Sie war furchtbar wütend geworden, als sie erfahren hatte, dass die Polizei durch Nina auf die Spur gekommen war. Max sei kein Verbrecher, das wisse sie genau!

Aber die Polizei hatte es doch etwas seltsam gefunden, dass das Glas Coca-Cola, das Max Kata hingestellt hatte, stark nach Alkohol roch. Sie hatte deshalb sowohl Max als auch den Inhalt des Glases mitgenommen. Herr Meisengeier ließ Nina ausrichten, Max habe wirklich eine sehr große Ähnlichkeit mit dem Fahndungsfoto, und er sei ihr sehr dankbar, denn sie habe seine Tochter wahrscheinlich aus einer großen Gefahr gerettet. Kata habe das inzwischen auch eingesehen.

‚Was Väter sich so einbilden!', dachte Nina am nächsten Schulvormittag. In Katas Augen war Nina nur eifersüchtig;

eine Spielverderberin, die ihr den Abend mit dem großartigen neuen Freund nicht gegönnt hatte!

Das ließ sie Nina dann auch spüren. Auf der Schultreppe stellte sie ihr ein Bein, und Nina hatte Glück, dass das Gedränge so dicht war, dass sie gegen den Rücken einer größeren Schülerin und dann seitlich gegen das Geländer fiel, an dem sie sich festklammern konnte. Die Große, die auch ins Taumeln gekommen war, beschimpfte Nina und drohte ihr Ohrfeigen an. – In der kleinen Pause hielten Kata, Rina und Anke ihr die Toilettentüre so lange zu, bis es zur Stunde läutete. Dann ließen sie Nina zwar heraus, aber Kata hielt sie noch fest, damit Rina ihr kräftig ans Schienbein treten konnte. Ninas Bein knickte zusammen, sie stürzte auf den harten Fliesenboden des Waschraums, während ihre Feindinnen das Weite suchten. Noch eine ganze Weile hatte sie das Gefühl, ihr Bein müsse gebrochen und zersplittert sein. Vorsichtig begann sie es abzutasten und zu massieren. Nein, es war wohl noch ganz. Nur einen riesigen blauen Fleck würde es geben.

Als ihre Schmerzen nachgelassen hatten, musste sie zuerst ihre Schulmappe aus dem Klassenzimmer holen und sich dann zwei Treppen höher in den Biologiesaal schleppen. Sie war viel zu verzweifelt, um zu den unfreundlichen Bemerkungen Frau Wellers etwas zu sagen. Sie wusste, wenn sie den Mund öffnete, würde doch nur ein Schluchzen herauskommen, und diesen Triumph wollte sie Kata und Rina nicht gönnen. Mit großer Anstrengung konnte sie sich so lange beherrschen, bis sie auf dem Heimweg im Auto saß. Da schrie und heulte sie ihre ganze Wut heraus: auf Gott, der solche Krankheiten zuließ, auf die ganze Welt, auf die begriffsstutzige Lehrerin, auf die Kata-Bande … und überhaupt! Sie wollte sterben, schrie sie, denn auf dieser Welt sei ja alles krank oder vergiftet oder gemein!

„Nina, mein Schatz!“ Mamas beruhigende Stimme drang durch Wutgebrüll und Motorengeräusch. „So hör doch, Liebes! – Nina! Aber so ist es doch gar nicht. – Natürlich bist du jetzt verbittert. Aber wenn du einmal die Menschen aufzählst, die dich gern haben und es gut mit dir meinen … Komm, schrei nicht so! Ich kann doch nichts dafür! – Uff! – Na, das ist ja gerade noch mal gut gegangen!“

Ein Mopedfahrer hatte plötzlich die Fahrbahn gewechselt, und Mama hatte scharf bremsen müssen. Deshalb beherrschte Nina sich und weinte nur noch leise vor sich hin.

Erst zu Hause sprachen sie noch einmal ausführlicher

über Ninas Kummer. Sie geriet anfangs wieder ins Schreien über so viel Ungerechtigkeit, dass gerade sie, die niemandem etwas zuleide tat, so krank sein musste, während zum Beispiel Kata vor Gesundheit strotzte.

Wie immer, wenn sie in Wut geriet, ließen ihre Eltern sie all ihren Zorn herausbrüllen. Sie hörten ihr zu und sagten manchmal ein paar zustimmende Worte in einem ruhigen Ton. Als sie endlich erschöpft im Sessel kauerte, hatte sie das Gefühl, innerlich ganz leer zu sein. Da war überhaupt kein Gefühl mehr, nicht einmal Liebe zu irgendjemand, dachte sie.

Ihre Eltern, die ja von den Gemeinheiten in der Schule zum ersten Mal erfahren hatten, wollten gleich die Eltern von Kata, Rina und Gaby anrufen. Aber das wollte Nina auf keinen Fall. Sie war sicher, die drei würden sie dann noch mehr quälen.

„Und wenn du in eine andere Klasse gingest?", überlegte Papa laut.

„O, nein!", schrie Nina entsetzt. „Wer weiß, was es da wieder für gemeine Leute gibt."

„Du hast eigentlich auch recht!", sagte Mama. „Das hieße ja, vor den Problemen wegzulaufen, anstatt sie beim Schopf zu packen."

„Wobei wir aber bedenken müssen, dass Nina noch zugleich mit ihrer Krankheit zu kämpfen hat. Wenn sie ganz gesund wäre, würde ich auch sagen, dass sie versuchen muss, in dieser Klasse mit ihren Schwierigkeiten fertig zu werden. Aber so ..."

Benjamin, der während Ninas Verzweiflungsausbruch ganz verschüchtert in der Tür stehen geblieben war, näherte sich ihr jetzt voller Mitleid und legte die Hand auf ihren Arm. „Das ist doch ganz einfach", meinte er. „Der Hendrik, der Bernd und ich, wir schnappen uns die Kata, stecken sie in einen Sack und lassen sie in den Neckar plumpsen!"

„Benjamin!“, schrie Mama.

„Also wirklich, Benjamin!“, rügte Papa. „Was sind denn das für brutale Methoden!“

Benjamin lenkte ein. „Na, ja. So richtig totmachen will ich sie ja nicht. Bloß im Wasser zappeln lassen. Und dann den Sack rausziehen und sie schwören lassen, dass sie der Nina nie wieder was tut! Die anderen würden dann nämlich auch aufhören, die Nina zu ärgern.“

„Gewalt ist keine Lösung“, sagte Mama. „Gewalt führt nur zu neuer Gewalt. Da kannst du mal drüber nachdenken, Benjamin.“ Sie ging aus dem Zimmer, und Benjamin schnitt eine Grimasse zur Tür. „So was sagen die Großen immer, wenn ihnen nichts mehr einfällt“, maulte er. „Mir würde ja noch eine Menge einfallen. Wir könnten eine Fallgrube bauen, und wenn die Kata da reinfällt ...“

Trotz ihres Kummers musste Nina lächeln. „Und wenn statt Kata eine riesige Dogge reinfällt und dich dann anfletscht?“

„Das wäre natürlich doof. – Aber mir fällt schon noch was anderes ein!“

„Bloß nicht!“

Immerhin, Benjamin hatte ihr ein wenig aus ihrer düsteren Stimmung geholfen.

Abends, als Adrian mit Anne im Wohnzimmer saß, erzählte Nina noch einmal, was ihr zugestoßen war. Sie musste wieder weinen, und Adrian legte den Arm um sie, während Anne ihr Haar streichelte. Beide erzählten Nina von ihren früheren Kümmernissen mit angriffslustigen Mitschülern oder zerbrochenen Freundschaften, aber nichts passte auf ihren Fall, fand Nina. Sie hatten ja nicht erlebt, was es bedeutete, auch noch so schwach zu sein, dass man sich nicht einmal mit Worten zu wehren wagte.

Später im Bett überfiel sie die Angst wieder. Wie sollte

sie morgen in die Schule gehen? Ihr Magen krampfte sich zusammen, wenn sie sich die hämischen Gesichter der drei Quälgeister vorstellte. Und Annika, die sie verloren hatte, weil die anderen sie auf ihre Seite gezwungen hatten!

Sie war sicher, dass sie immer noch nur aus Angst mitmachte. Aber wer konnte wissen, ob Annika nicht irgendwann Spaß daran bekommen würde, Schwächere zu quälen? So viele Menschen taten das.

Warum? Lieber Gott, warum. Aber „lieber" Gott war falsch. Den aus Ninas Kleinkindergebeten, den gab es wohl nicht. Da war ein anderer, groß, unverständlich, sehr fremd.

Natürlich, wenn sie zum Beispiel in der Sonne saß und einen Marienkäfer auf ihrem Finger krabbeln ließ, dann konnte sie denken, dass Gott ganz in ihrer Nähe war. Und dass einer, der sich so etwas Niedliches wie einen Marienkäfer hatte einfallen lassen, doch unmöglich wollen konnte, dass ein Kind grausame Schmerzen ertragen musste. Aber sie konnte die beiden Seiten dieses Gottes nicht zusammenbringen. Er hatte auch Elsbeth geschaffen, die mitfühlte, wenn jemand leiden musste, und Kata, die es genoss, wenn jemand sich vor Schmerzen krümmte.

Im Moment war sie mehr in der Stimmung, Gott wegen der Schmerzen und der Katas in dieser Welt anzuklagen, als sich über die Käfer und die Elsbeths zu freuen.

Vielleicht gab es überhaupt zwei? Einen dunklen und einen hellen Gott? Dann wollte sie jetzt versuchen, zu dem hellen zu beten. Aber nach kurzer Zeit merkte sie, dass sie nichts weiter tat, als ihn wegen seiner Gleichgültigkeit zu beschimpfen. Da gab sie es auf.

Vielleicht würde sie all das später einmal begreifen.

Sie stand auf und schlich mit bloßen Füßen in Benjamins Zimmer. Beim Schein seines Nachttischlämpchens sah sie nur seinen verstrubbelten, blonden Schopf. Vorsichtig zog sie die Decke zurück. Im Schlaf sah er viel jünger aus, fast wie ein Baby. Nina streichelte sein Haar. Benjamin murmelte etwas und drehte sich auf die Seite. Nina lächelte. Sie fühlte, wie Ruhe sich in ihr ausbreitete. Jetzt würde sie schlafen können.

8

Was nützt der Dank der Polizei, wenn Kata und Rina mit dem Neandertaler verwandt sind?

Am nächsten Morgen ging es Nina nach dem Frühstück so schlecht, dass sie wieder erst zur dritten Stunde in die Schule gebracht werden konnte.

„Na, Nina, auch schon ausgeschlafen?", fragte Frau Weller.

Die Klasse lachte.

Nina bekam schlagartig Magenschmerzen und taumelte auf ihren Platz.

In der Pause richtete sie es so ein, dass sie mit Elsbeth und Meike zusammen hinausgehen konnte. Sie blieb zwischen ihnen, um der Kata-Bande wenigstens das Beinstellen unmöglich zu machen. Aber merkwürdigerweise machten sie keinen Versuch dazu.

Auf dem Schulhof saßen Kata, Rina, Gaby und Annika auf dem Mäuerchen und beobachteten Nina. Wohin sie auch ging und was sie auch tat – die Blicke der vier folgten ihr, bohrten sich in ihren Rücken, schossen ihr ins Gehirn. Es wurde ihr ganz schlecht vor Entsetzen. Was hatte das jetzt wieder zu bedeuten? Was für eine Gemeinheit brüteten sie nun schon wieder aus?

„Guck mal", sagte Elsbeth. „Wie die glotzen! Die ganze Zeit! Immer hinter dir her!"

„Was anderes fällt ihnen wahrscheinlich nicht mehr ein", sagte Nina.

Aus dem Augenwinkel nahm sie weiterhin die kalten, starrenden Blicke wahr. Gemeinsam mit Elsbeth wich sie hinter die Schulhausecke aus. Dort spielte Jens mit seinen Freunden Fangen. Die Mädchen hätten gern mitgemacht, aber der „Verein der Weiberfeinde" zeigte deutlich, dass sie Luft für ihn waren. Sie unterhielten sich eine Weile, kicherten verstohlen über die Unnahbarkeit der Jungen und knabberten an ihren Pausenbroten.

Als sie sich zur Hausecke umwandten, standen dort Kata, Rina, Gaby und Annika. Stumm. Starrend. Mit versteinerten Gesichtern.

Zu Hause wollten Ninas Eltern gleich wissen, wie es denn heute mit der Bande gegangen war. Nina erzählte es.

„Aha", sagte Papa. „Sie wagen jedenfalls nicht mehr, dich anzufassen. Wir haben gestern Abend noch mit ihren Eltern telefoniert."

„Nein!", schrie Nina. „Das solltet ihr doch nicht! Was meint ihr, was die Kata-Banda sich jetzt aus Rache ausdenkt!"

„Das werden sie nicht wagen", sagte Papa. „Die Kata hat einen sehr strengen Vater. Er hat ihr Prügel angedroht, wenn er noch einmal hört, dass sie dich ärgert."

„Ach", sagte Nina. „Dann denkt sie sich was aus, was man ihr nicht nachweisen kann."

„Glaube ich nicht. Außerdem kommt doch immer irgendwann alles raus. Zusätzlich hat Herr Meisengeier die ältere Schwester von Kata angewiesen, auf dem Schulhof darauf zu achten, was Kata tut."

„Corinna", sagte Nina. „Die kenn' ich. Die geht in die Achte und hat einen Freund in der Neunten. Was glaubst du, wie wenig Zeit die hat, auf Kata aufzupassen!"

„Also“, sagte Papa abschließend, „wenn Herr Meisengeier erfährt, dass seine Tochter sich noch mal schlecht gegen dich benimmt, will er sie so verhauen, dass sie drei Tage nicht mehr sitzen kann.“

Nina fühlte sich einen Augenblick ganz großartig, als sie sich das vorstellte. Rachsüchtig genoss sie den Gedanken, dass es für Kata auch etwas gab, wovor sie Angst haben musste. Aber Mama sagte: „Das darf er ja gar nicht. Das ist verboten. Und ob das die richtige Methode wäre? Vielleicht ist Kata so geworden, weil der Vater Probleme mit Schlägen lösen will? Irgendwo muss das Kind ja Dampf ablassen, wenn es so unter Druck gesetzt wird.“

Ach, Mama, dachte Nina ungeduldig, immer alles entschuldigen. Immer für alles einen Grund suchen. Kata war ein Biest. Geschah ihr recht, wenn ihr Vater sie verprügelte.

In diesem Augenblick läutete das Telefon. Papa ging es abnehmen, und Nina hörte ihn eine Weile im Flur reden. Dann rief er nach ihr: „Komm mal schnell, Nina. Hier ist die Polizei. Sie sagen, dieser Max ist wirklich der gesuchte Verbrecher. Sie wollen sich bei dir bedanken.“

„Wofür denn?“, schimpfte Nina. „Dass ich der blöden Kata versehentlich geholfen habe? Was glaubst du, wie mir das schon leid tut! Bloß, weil ihr mit eurer Erzieherei immer so´n Wert drauf legt! ‚Edel sei der Mensch, hilfreich und gut!´ – und so´n Quark! Und was hab ich davon! Der Kata, die nie jemandem hilft, geht es viel besser!“

Papa schob sie energisch in Richtung Telefon und lachte sie an: „Vielen Dank, Nina! Ich habe lange kein Kompliment mehr für meine Erziehung bekommen. – Aber nun geh schon. Der Polizist wartet!“

Als Nina vom Telefon zurückkam, fühlte sie sich mindestens drei Zentimeter gewachsen. Der Polizist hatte sich bedankt, dass sie so aufmerksam gewesen war, und ihr zu bedenken gegeben, wie vielen kleinen Mädchen sie vielleicht dadurch ein sehr hässliches Erlebnis erspart hatte. Vorerst würde Max in Untersuchungshaft bleiben müssen, weil man noch prüfen musste, ob er auch der Täter in mehreren anderen Fällen war, die in der weiteren Umgebung in den letzten Monaten angezeigt worden waren. Ein neunjähriges Mädchen war verletzt worden und litt seither an einem Schock. Ihre Eltern hatten eine Belohnung von dreitausend Euro für die Ergreifung des Täters ausgesetzt. Die würde Nina bekommen, wenn endgültig geklärt war, dass Max auch in diesem Fall der Schuldige war. Nina stellte sich vor den Spiegel. „Toll, Nina!“, sagte sie zu sich selber. „Gratulation! Du hast vielen kleinen Mädchen ein hässliches Erlebnis erspart! Die Polizei bedankt sich!“

Übermütig lachte sie ihr Spiegelbild an. Sie war großartig! Sie hatte anderen helfen können, trotz ihrer Krankheit! An die anderen Kinder, die nun erst gar nicht in Gefahr gerieten, hatte sie bisher nicht gedacht. Sie stellte sich kleine Mädchen vor, zart und schmal wie sie selbst; Kinder, die jünger waren als sie, Kinder mit blonden und mit dunklen Haaren, Mädchengesichter, die eben noch fröhlich waren und plötzlich von Angst und Entsetzen erfüllt. Mirjam stellte sie sich vor und Elsbeth, Kata – ja, auch Kata. Hätte sie wirklich Kata nicht gerettet, wenn sie sich Zeit gelassen hätte zum Überlegen? Wahrscheinlich doch, befand sie nach einigem Nachdenken. Es war ein Augenblick gewesen, der ihr gar keine Möglichkeit gelassen hatte, sich vorzurechnen, was Kata ihr alles angetan hatte.

Und umgekehrt? Nein, das wollte Nina sich lieber nicht vorstellen. Sie selbst in der gleichen Not – und Kata hätte sie ganz gewiss im Stich gelassen! Niemals, niemals würde dieses boshafte Wesen etwas zu ihrer Rettung tun! Wie sollte

Nina denn sonst mit der Welt zurechtkommen, wenn sie nicht einen dicken Strich zwischen Guten und Bösen ziehen konnte, sondern zugeben musste, dass es diesen Strich überhaupt nicht gab oder dass er mitten durch jeden einzelnen Menschen gezogen werden musste? – ‚Aber dann bei manchen mehr in der Mitte und bei anderen deutlich auf einer Seite!', sagte sie sich und begriff, dass sie damit immerhin die Möglichkeit zugab, dass auch Kata sie gerettet hätte.

Glücklich und aufgeregt erzählte Nina ihrem Vater und Benjamin von dem Telefongespräch.

„Meinst du, ich kann das Geld annehmen, Papa?", fragte sie besorgt. „Ich meine, weil ich doch gar nicht viel getan habe. Es war keine Heldentat oder so was."

Papa nahm sie in den Arm. „Du weißt ja noch gar nicht, ob du es bekommst. Mach also noch nicht zu viele Pläne. Aber wenn das geklärt ist, dann darfst du das Geld auch nehmen. Die Eltern von der Kleinen, die verletzt worden ist, haben es dem Menschen zugedacht, der verhindert, dass dieser Verbrecher weiter frei herumläuft, egal, wie viel oder wie wenig du dazu getan hast. Sehr viele Verbrechen werden durch Zufall und ein bisschen Grips und Kombinationsgabe aufgeklärt."

Benjamin schmiegte sich an Nina. „Wenn du das viele Geld kriegst, schenkst du mir dann ein Walkie-Talkie?"

„Klar. Warum nicht. Ich schenke überhaupt jedem aus der Familie was. Aber wozu brauchst du denn so was?"

„Zum Detektivspielen mit Bernd natürlich. Vielleicht erwischen wir dann auch mal einen Verbrecher, und dann ..."

„Und dann stopft ihr ihn in einen Sack und tunkt ihn in den Neckar, bis er euch verrät, wo er seine Beute versteckt hat ..."

„Mann, bist du ..." Benjamin schluckte mit sichtlicher

Mühe ein beleidigendes Wort hinunter. Es war nicht der richtige Moment, um mit der möglichen Spenderin des ersehnten Sprechfunkgerätes zu streiten.

„Mädchen verstehen davon eben nichts!", bemerkte er mit hoheitsvoller Miene und setzte sich wieder an seine Hausaufgaben.

Gleich nachdem Papa zum Einkaufen weggegangen war, klingelte es an der Wohnungstür. Benjamin nutzte die Gelegenheit, sein Matheheft liegen zu lassen und zur Tür zu rasen. Er riss sie auf, obgleich die Kinder strenge Anweisung hatten, zuerst die Kette vorzulegen und durch den Türspalt zu schauen. Gleich darauf kam er ins Wohnzimmer gesaust: „Du, Nina, da is´n Mann. Und ein Mädchen. Ich glaube, das ist die doofe Kata!"

Nina zog es den Magen zusammen. Schon Katas Name war jedes Mal ein Schrecken für sie. Herr Meisengeier stürzte auf sie zu und begrüßte sie überschwänglich. „Guten Tag, Nina. WieschöndassduzuHausebistdürfenwirreinkommen-wirhabenmitdirzuredenweilwirunsnochbedankenmüssen-undnichtwahrKataentschuldigenauchnochwirkommen-malreinja?"

„Sie sind ja schon drin", beantwortete Nina diese rednerische Leistung, „hier, bitte, geht´s ins Wohnzimmer. Setzen Sie sich doch."

Herr Meisengeier ließ sich schwer atmend auf einen Sessel fallen. Kata trottete grußlos hinterher und stand nun unschlüssig neben ihrem Vater.

„Ja, Nina", sagte Herr Meisengeier. „Du wirst ja wissen, was wir dir sagen wollen. Die Polizei hat gesagt, sie hat schon bei dir angerufen. Wir müssen dir ja so unendlich dankbar sein, liebe Nina! – Wer weiß, wovor unser armes Kind durch deine Hilfe noch einmal gnädig bewahrt worden ist!"

‚Gnädig bewahrt!', dachte Nina. ‚Wenn der weiter so geschwollen redet, kriege ich einen Lachkrampf!' Während das „arme Kind" vor Verlegenheit an der Kapuzenschnur seines Anoraks kaute.

„Natürlich muss meine Tochter sich bei dir nicht nur bedanken, sondern sich auch noch entschuldigen. Sie hat es ganz gewiss nicht böse gemeint, wenn sie sich hin und wieder einen kleinen Spaß mit dir erlaubt hat. Sie wusste ja nicht, dass du so krank bist und das nicht verkraften kannst."

‚Spaß ist gut!', dachte Nina wütend. ‚Außerdem hat sie mich vor allem wegen meiner Krankheit so gemein behandelt!' Aber sie sagte nichts. Die ganze Szene war ihr peinlich. Sie wollte sie nicht unnötig in die Länge ziehen.

„Also, dann werdet ihr jetzt mal das Kriegsbeil begraben, ihr beiden, ja, höhöhö! – und euch schön die Hand geben."

‚Idiot!', dachte Nina. ‚Als ob ich jemals einen Krieg gegen Kata geführt hätte!'

„Na", fuhr Herr Meisengeier fort. „Los, Kathrinchen, gib mal der Nina die Hand."

„Aber ...", begann Kata.

„Kein Aber, Kind. Du weißt, dass Nina dich gerettet hat ..."

„Weiß ich gar nicht", unterbrach Kata störrisch. „Der Max ist doch total nett, und ich glaub einfach nicht, dass er so schlimme Sachen gemacht hat. Ich habe gehört, er ist der Sohn vom Fabrikanten Möller. Es ist sein Hobby, auf Rummelplätzen zu helfen. Jemand aus so einer angesehenen Familie ist bestimmt kein Verbrecher, und ich sehe einfach nicht ein, warum ich mich bei Nina bedanken soll, wenn die Polizei den Falschen erwischt hat."

„Katharina!", sagte Herr Meisengeier in schneidendem

Ton. „Das haben wir doch wohl zu Hause lange genug besprochen. Die anderen Mädchen haben ihn wiedererkannt. Es besteht gar kein Zweifel ..."

„Und wenn sich alle irren?", schrie Kata. „Da lernt man mal einen echt tollen Typ kennen, und dann bringt die Nina den ins Gefängnis!"

„Katharina!", brüllte Herr Meisengeier. „Noch ein Wort, und es setzt was! – Du wirst dich jetzt bei Nina entschuldigen und dich bedanken. Sofort! Los, gebt euch die Hand!"

Er griff Kata beim Handgelenk und drückte ihre Hand in Ninas, die sie ihr widerwillig entgegenstreckte.

„Entschuldigung“, murmelte Kata mit abgewandtem Gesicht. „Und vielen Dank auch!“

Nina ließ ihre Hand schnell wieder los. „Na, das war ja ein bisschen mager“, meinte Herr Meisengeier. „Aber es ist immerhin ein guter Anfang. Ihr werdet sehen, ihr werdet noch die besten Freundinnen!“

Die zukünftige beste Freundin streckte Nina hinter dem Rücken ihres Vaters die Zunge heraus, so lange es nur ging.

Nina war froh, als die beiden gegangen waren. Wie sie Kata kannte, würde ihr Hass nach dieser erzwungenen „Versöhnung“ noch größer werden.

Die erste Schulstunde am nächsten Morgen war Deutsch bei Herrn Habicht. Er stürmte mit seinem üblichen Schwung in die Klasse, schwenkte eine Zeitung und rief: „Hallo, habt ihr das hier schon gelesen? Das von Nina?“

Und schon begann er einen Artikel vorzulesen, der die aufregende Überschrift trug: „Elfjährige Schülerin entlarvte Sexualverbrecher.“ Er beschrieb, wie Nina den Täter erkannt und „eine schon in der Gewalt des Unholds befindliche Mitschülerin“ noch rechtzeitig vor ihm gerettet hatte. Auch das kleine Mädchen, das er verletzt hatte, wurde erwähnt, und dass sich inzwischen noch acht weitere Kinder gemeldet hatten, die von diesem Mann belästigt oder angesprochen worden waren. Zuletzt war die Rede von der ausgesetzten Belohnung. Die ganze Klasse erzählte von „Max“ und anderen solchen Verbrechern, von denen sie schon gehört hatten. Nina konnte heraushören, dass die meisten sie bewunderten und dass gerade die versprochenen dreitausend Euro ihr Ansehen noch bei ihnen hoben. Nur bei Kata war nichts davon zu bemerken. Sie hörte ihr bösartiges Gemurmel: „Für Geld einen Unschuldigen bei den Bullen verpetzen! Für Geld tut Nina doch alles!"

Das hatte Herr Habicht gehört, und so erklärte er Kata ganz verärgert, dass Nina ja von dem Geld noch nichts hatte wissen können, als sie das Bild in der Zeitung sah, und nichts anderes vorgehabt hatte, als Kata zu helfen.

„Findest du nicht auch, Kata?", fragte er.

„Hmpf ... Äh – ja", grummelte Kata.

„Mann, ist die Kata doof!", sagte Jens laut. An dem beifälligen Gemurmel konnte Nina erkennen, dass Kata bei der übrigen Klasse gar nicht so angesehen war, wie sie immer gedacht hatte.

Diesmal holte Adrian sie von der Schule ab. So konnte sie ihm gleich von der Stunde bei Herrn Habicht erzählen und er meinte, sie solle doch aufhören, die ganze Zeit in Gedanken auf Kata zu starren, wie ein Kaninchen auf die Schlange.

„Herr Habicht und die meisten aus der Klasse finden dich doch ganz toll. Und was glaubst du, wie dankbar die Polizei dir ist. Das musst du dir mal deutlich machen. Du verbitterst dir doch selbst das Leben, wenn du immer nur bei dem hängen bleibst, was nicht so gut ist."

„Aber die anderen haben die Sache mit der Polizei schon morgen wieder vergessen. Die Kata bleibt, wie sie ist. Und ich kann mir vorstellen, dass sie noch jahrelang weiter gemein zu mir ist."

„Vielleicht sieht sie es doch noch ein, dass du ihr geholfen hast. So blöd kann sie doch gar nicht sein, dass sie nicht kapiert, was ihr hätte passieren können."

„*Kann* nicht, will aber!", bemerkte Nina bissig. „Ich meine – auch wenn sie es längst eingesehen hätte, würde sie immer noch glauben *wollen*, dass ich unrecht hatte."

„Wo nur so viel stumpfsinniger Hass herkommen kann", wunderte sich Adrian.

„Kata ist total ehrgeizig“, sagte Nina. „In der Grundschule und im ersten Gymnasiumjahr war ich fast immer um eine Note besser als sie. Da war ihr aber ganz klar, dass sie nichts dagegen machen konnte. Aber dann habe ich so lange gefehlt. Da hat sie sicher gedacht, jetzt schaff ich´s nicht mehr.“

„Und? Ein bisschen mehr Mühe macht die Schule dir doch jetzt?“

„Ja, aber jetzt stehen Kata und ich fast immer gleich in den Arbeiten. Das kann sie nicht verkraften. Ich fehle eine Woche oder sogar einen Monat, und bei der nächsten Arbeit bin ich trotzdem genau so gut wie sie.“

„Ja, das kann ich mir schon vorstellen. Das muss für Kata so aussehen, als ob sie ziemlich vertrottelt wäre: Sie geht jeden Tag zur Schule und du bleibst zu Hause, und sie schafft trotzdem keine besseren Noten als du.“

„Aber wie wird man so? Meinst du, das liegt alles an ihrem strengen Vater?“

„Zum Teil vielleicht. Zum Teil liegt es an Kata selbst. Man kann nicht immer alles mit Eltern entschuldigen, die für die Erziehung unbegabt sind.“

„Außerdem ist das einfach so. Die Menschen können es nicht verkraften, dass jemand anders ist als sie. Ob man nun Türke ist oder hinkt oder rote Haare hat … und früher, wenn man Jude war. Aber warum, Adrian? Warum? Es ist so schrecklich!“

„Früher mal, ich meine sehr viel früher, als die Menschen noch grunzend ihre Keulen durch die Wälder schleppten, da war das wahrscheinlich notwendig. Wenn sich da im Gebüsch etwas regte, dann konnte so ein armer, ungebildeter, pausenlos gefährdeter Urmensch nicht erst abwarten, ob das nun eine Schmusekatze oder ein Säbelzahntiger war. Da hieß es zuschlagen oder wegrennen oder gefressen werden. Und wenn da in weiter Ferne ein anderer Mensch auftauchte, dann war es sicher oft lebensrettend, wenn man misstrauisch war."

„Also, Kata und Rina sind so 'ne Art Neandertaler?", freute sich Nina.

Adrian lachte nicht mit. „Ja, so ähnlich. Obgleich wir nicht vom Neandertaler abstammen. Das war eine Nebenlinie des heutigen Menschen. Aber ein Urmenschengehirn haben wir alle. Das bisschen Bildung und Erziehung, was bisher dazugekommen ist, reicht halt bei sehr vielen Menschen nicht. Was sind schon vierzigtausend Jahre!"

„Na, also, jetzt spinnst du aber!"

„Kein bisschen. Leider. – Oder möchtest du manchmal nicht einfach zuschlagen und jemand ungespitzt in den Boden hauen?"

„Ja, die Kata!"

„Na siehst du! – Ich übrigens auch, wenn ich höre, wie sie dich quält."

9

Nina ist verzweifelt – aber vielleicht kann sie ein Erdbeben zu ihrem Fest einladen?

Jeden Morgen kostete es Nina viel Kraft, sich von Neuem den bösen Blicken ihrer Feindinnen zu stellen. Sie verfolgten mit den Augen jede ihrer Bewegungen und schienen nur darauf zu warten, dass sie eine Schwäche zeigte. Stumm stellten sie sich ihr in den Weg und starrten. Nina fühlte sich krank vor Entsetzen. Alle ihre Beschwerden verschlimmerten sich wieder.

Wahrscheinlich, dachte Nina, hatten sie ihren Eltern versprechen müssen, sie weder anzurühren noch mit Worten zu kränken. Nun hatten sie eine neue Möglichkeit gefunden, sie zu foltern. Aber was sollte man dagegen tun? Anschauen war nicht verboten. Ninas Eltern versuchten noch einmal, mit den Eltern der Mädchen zu reden. Aber diese waren nun nicht mehr bereit, darauf einzugehen, sondern warfen Nina Überempfindlichkeit vor. Besonders ärgerlich wurden Katas Eltern. Sie hätten noch einmal mit ihrer Tochter gesprochen, sagten sie, und Kata sei sicher, dass Nina sich alles nur einbilde. Außerdem sei es ja höchst merkwürdig, dass mehrere Kinder Nina ablehnten. Da müsse ja wohl die Ursache bei Nina liegen.

Nina weinte vor Zorn, als sie von diesem Telefongespräch erfuhr. „Glaubt ihr das?“, fragte sie ihre Mutter.

„Aber nein. Natürlich nicht. Wir wissen doch, dass du mit Kata, mit Rina und Gaby befreundet warst, bevor du krank wurdest. Und Annika war fast jeden Tag hier."

„Ja, bis ich ins Krankenhaus musste. Und als ich wiederkam, hatte keiner auf mich gewartet. Nicht einmal Annika. Es ist, als wäre gar kein Platz mehr für mich in der Klasse. Oder als hätte es mich vorher nicht gegeben. – Ich wollte, ich wäre tot!"

Ihre Mutter nahm sie in die Arme und streichelte sie. „Es gibt solche Momente, wo man am liebsten gar nicht mehr da sein möchte. Mir ist es auch schon ein paar Mal in meinem Leben so gegangen. Aber es waren immer Menschen da, die geweint hätten, wenn ich plötzlich tot gewesen wäre. Und bei dir doch wohl auch?"

„Na, ja, schon. Aber die Familie nützt manchmal nichts."

„Ich weiß, Nina. In deinem Alter braucht man Freunde und Anerkennung außerhalb der Familie. Aber ich denke, auch da gibt es einige, die sehr traurig wären. Jens zum Beispiel ..."

„Schon. Ja", gab Nina zögernd zu. „Aber der darf doch nicht mit Mädchen spielen. Und dann Elsbeth sicher auch, obgleich die vor allem mit Meike befreundet ist. Die ist auch ganz nett. Na, und Mirjam sehe ich kaum noch, seit sie in eine andere Schule geht. Dann gibt es noch Christine und Inga, die bei der Kata-Bande nicht mitmachen, aber die sind auch ganz eng miteinander befreundet."

„Aber ihr seid elf Mädchen in der Klasse. Zwei hast du noch nicht aufgezählt."

„Hach, die kannst du vergessen!"

„Sei nicht so hochnäsig! Wer ist denn das noch?"

„Das sind unsere beiden Doofis, die Sandra und die Rita. – Mit denen kann ich nicht befreundet sein, sonst lacht sich die ganze Klasse kaputt." Nina begann zu kichern. „Heute zum Beispiel, haha, da hat die Frau Weller eine englisch beschriftete Europakarte aufgehängt. Und da hat Rita rechts neben der Schweiz ‚Austria' zusammenbuchstabiert und gesagt: ‚Aha, und hier ist Australien!' Kannst du dir so was vorstellen? Die Klasse hat gebrüllt vor Lachen!"

„So viel ich weiß, kommt Rita von einem Bauernhof und hat noch vier Geschwister. Ich glaube nicht, dass Ritas Eltern so viel Zeit für ihre Kinder haben wie wir. Und dann wissen die eben weniger; das hat doch nichts mit Intelligenz zu tun!"

„Ach, Mama", sagte Nina. „Das verstehst du nicht. Ich kann mich nicht um Rita kümmern. Ich halte es nicht aus, wenn ich dann deswegen auch noch ausgelacht werde."

„Natürlich verstehe ich das. Du hast genug eigene Probleme. Früher, als du selber noch kräftig und gesund warst, hast du eigentlich dauernd Kinder mitgebracht, die wie aus dem Nest gefallene Vögel waren: Mirjam, die schüchtern war, Jens, der trotz seiner Kraft so empfindsam ist, dass er kaum sprechen kann, wenn er sich aufregt, Angela, deren Eltern getrennt lebten, Annika, deren Vater gestorben war ..."

In plötzlicher Erkenntnis starrte Nina ihre Mutter mit großen Augen an. „Da warst du stolz drauf, oder?"

„Stolz? – Na ja, ich denke schon. So wünsche ich mir doch meine Kinder. Jedenfalls war mir das wichtiger als gute Noten."

„Aber dann ..." Ninas Augen füllten sich von Neuem mit Tränen. „Dann kannst du jetzt auf gar nichts mehr an mir stolz sein. Ich bin krank. Ich hab keine Kraft. Ich will jetzt auch kein Kind beschützen. Ich möchte manchmal nur noch schreien und um mich schlagen. Es ist alles so ungerecht. Ich habe Schmerzen, ich kann nicht essen, ich kann so viele Sachen nicht mitmachen, weil mir schwindelig wird. Und die anderen dürfen auch noch gemein zu mir sein ..."

„... ohne dass ein Blitz sie erschlägt!", ergänzte lächelnd ihre Mutter.

„Ja! – Woher weißt du, dass ich so was denke?"

„Ich war auch mal elf! – Und auch später habe ich das noch öfter gedacht. Es ist manchmal sehr schwer zu ertragen, und ich glaube, die Menschen haben sich schon immer gefragt, warum die einen es so schwer haben und die anderen anscheinend so leicht."

„Warum denn ‚anscheinend'?"

„Weil ich es erlebt habe, dass jeder Mensch – ohne Ausnahme – manchmal sehr schwere Zeiten durchstehen muss. Früher oder später. Für dich ist es nun eben früher. Das ist furchtbar schwer für dich, aber es hört einmal wieder auf. Manchmal erlebst du ja schon ein bisschen von der Freude, die du wieder haben kannst, wenn es dir noch besser geht. Oder hast du gestern Abend bei der Kissenschlacht mit Benjamin gedacht, dass du eigentlich lieber tot sein möchtest? Oder bei dem Spaß mit Adrian im Café, als ihr Kauderwelsch geredet habt?"

Fast wider Willen musste Nina lächeln und zugeben, dass es beim Sterbenwollen doch einige kleine Pausen gab.

Aber schon am nächsten Schulvormittag sank ihr Mut wieder, als die unbarmherzigen Blicke sie verfolgten und sich während der Schulstunde in ihren Rücken zu bohren schienen.

„Mach dir nichts daraus", sagte Elsbeth in der kleinen Pause. „Lass sie doch glotzen. Mich ärgern sie ja auch dauernd."

„Aber du bist nicht krank. Ich halte beides zusammen nicht aus!"

„Wumm!“, sagte da eine laute Stimme, während die Türe des Klassenzimmers ins Schloss krachte.

„Hallo! Da bin ich. Ich bin die Kitty!“

Ja, da war sie. Nicht zu übersehen. Alles an ihr strahlte Kraft und Lebensfreude aus: ihre Stimme, ihr pausbäckiges Gesicht, die große, kugelrunde Gestalt. Sie warf den dicken, schwarzen Zopf nach hinten und richtete einen strahlend blauen Blick auf Nina.

„Ist der Platz neben dir frei? Ja? Prima, dann sitze ich jetzt neben dir. Wie heißt du denn?“

„Ich heiße Nina.“ Ihre Stimme wollte ihr nicht so recht gehorchen. Sie fühlte sich erdrückt neben so viel Energie und Gesundheit. War sie nicht abstoßend, diese dicke Riesin? Jetzt legte sie auch noch ihre Hand, breit wie eine Männerhand, auf Ninas Arm und fragte Anteil nehmend: „Du siehst ja ganz schön mickrig aus. Bist du krank?“ – „Ja, ist sie!“, rief Elsbeth, als Nina nicht gleich antwortete. „Ach, du Arme!“, brüllte Kitty und tätschelte liebevoll Ninas Schulter, die unter dieser Freundschaftsbezeugung fast zusammenbrach.

Die Klasse war verstummt und betrachtete gebannt die neue Schülerin.

„Mann, die sieht ja aus, als wär´ sie schon vierzehn!“, murmelte Gaby und fragte: „Bist du sicher, dass du hier richtig bist?“

„Ich bin immer richtig! Das ist doch die Klasse 6 c?“

„Klar – aber du bist so groß!“, meinte Nina zaghaft.

„Bei uns sind alle groß!“, erklärte Kitty. „Mein Vater, meine Mutter und meine vier Brüder!“

„Auch so fett?“, fragte Kata.

„Auch so breit wie lang?“, schrie Rina.

Kitty richtete sich zu ihrer vollen Länge und Breite auf, schritt gelassen auf die beiden Schreihälse zu, blieb dicht vor ihnen stehen und fragte ruhig:

„Bisschen vorlaut, ihr zwei Schätzchen, was?“

Einige Kinder lachten. Kitty lehnte lässig ihr volles Gewicht gegen den Tisch der beiden. Er rutschte weg und begann zu kippen. Aufschreiend klammerten sich Kata und Rina am Tisch fest, um nicht mit den Stühlen umzufallen.

„Oh, tut mir ja so leid. Habe ich euch erschreckt?“, fragte Kitty. „Nicht gleich weinen, ja?“

Unter Jubel und Gelächter der Klasse kehrte Kitty zu ihrem Platz zurück.

„Good morning, boys and girls!“, übertönte Frau Wellers Stimme von der Türe her die Freudenkundgebungen. „Ihr seid ja mächtig vergnügt. Lacht ihr etwa eure neue Mitschülerin aus? – Nina?“

„An!“, sagte Nina. „Nicht aus!“

„Ach!“ Frau Weller war so erstaunt, dass sie ganz vergaß, Nina zu einem vollständigen Satz aufzufordern.

„Du bist die Kitty, ja? Deinen Zwillingsbruder habe ich gerade in der Parallelklasse erlebt. Aber ich glaube, über ihn hat die Klasse gelacht.“

„Was? Die haben über Ruben gelacht? – Ich walz´ die platt!“

„Also komm, jetzt mäßige dich, Kitty! Ich denke, dein Bruder wird sich schon allein verteidigen können. Wieso seid ihr eigentlich in zwei verschiedenen Klassen?“

„Och, einfach so.“

„Das ist aber merkwürdig bei Zwillingen.“

„Na ja. Unsere Eltern wollten das so.“

„Habt ihr etwa zusammen zu viel Unsinn angestellt?“

„Äh – ja ... ich würde sagen, unsere Lehrer hatten nicht den gleichen Humor wie wir!“

Frau Weller beendete rasch das Gekicher der Klasse, indem sie mit dem Unterricht begann.

In der großen Pause wurde Kitty umringt und ausgefragt. Aber sie gab nur kurz Auskunft über sich und ihre Familie, die neu in die Stadt gezogen war, und ging dann auf die Suche nach Ruben.

Daran änderte sich auch nichts in den nächsten Tagen. Kitty und Ruben verbrachten die Pausen zusammen und waren auf dem Heimweg unzertrennlich. Ninas flüchtige Hoffnung, in Kitty eine neue Freundin zu finden, die ihr Schutz gegen Kata und ihre Anhänger bot, würde sich wohl nicht erfüllen. Dabei hätte Nina Kitty gern so vieles gefragt.

Wie ertrug man es zum Beispiel, dauernd wegen eines so enormen Übergewichts gehänselt zu werden? Kitty lachte sogar über sich selbst. Wie schaffte man so etwas?

Während des Unterrichts fühlte sich Nina weiterhin von Kittys Nähe bedrängt. Nicht nur, dass Kitty wegen ihres Umfangs zwei Drittel des Tisches für sich in Anspruch nahm – es war auch ihre Ausstrahlung von unbändiger Kraft, neben der Nina sich schwach, hilflos und unscheinbar fühlte.

„Ich halte das nicht aus!“, beklagte sie sich bei Adrian. „Hinter mir die Kata-Viecher, die bloß darauf warten, dass ich mal eine falsche Antwort gebe, und die mich auf dem Schulhof anglotzen, als ob sie mich fressen wollten. Und neben mir die Kitty, das Riesenweib. Wenn die mich anspricht, habe ich schon das Gefühl, ich falle um. Die braucht bloß mal tief auszuatmen, und ich bin an die Wand geklatscht!“

„Aber sie könnte dir doch gegen die Kata-Bande helfen! Wenn du dich mit ihr anfreundest, findest du sie gar nicht mehr so abstoßend …“

„Du kapierst das nicht. Erstens finde ich sie gar nicht abstoßend, sondern eher mich selber, wenn ich neben ihr bin. Und außerdem hat sie Ruben und braucht keine Freundin.“

„Und? Wie denkst du inzwischen über einen Klassenwechsel?“

„Na ja, manchmal möchte ich wegrennen. Aber wer sagt denn, dass es anderswo besser ist. Außerdem ist es viel lustiger in der Schule, seit Kitty da ist. Heute haben die von hinten wieder ihren doofen Vers gerufen: Ärschebett, dick und fett. – Da ist Kitty aufgestanden, lang und breit wie sie ist, und ist ein paar Schritte auf sie zugegangen, so richtig wuchtig, ungefähr so.“

Nina ging ein paar Schritte und versuchte, ihrer schmalen, kleinen Gestalt ein „wuchtiges" Aussehen zu geben. Adrian lachte, und Benjamin, der gerade dazugekommen war, bemühte sich, ebenfalls wie ein Riese zu trampeln.

„Psst!", sagte Adrian. „Frau Lauer klopft gleich an die Wand, wenn ihr hier wie eine Elefantenherde rumtrampelt. Erzähl lieber weiter, Nina!"

„Dann hat Kitty gesagt: Wenn hier jemand dick und fett ist, dann bin ich das, ist das klar? Und wenn hier noch mal jemand Ärsche-Bett sagt, dann presse ich den zwischen zwei Buchdeckel und klebe ihn in mein Poesiealbum!"

Ninas Brüder fanden das angemessen und wollten Kitty unbedingt kennenlernen.

„Das geht leider nicht. Ich habe sie schon ein paar Mal gefragt, ob sie zu mir kommt, aber es scheint, dass sie außer Ruben niemand braucht. Auf dem Heimweg laufe ich manchmal ein Stück mit ihnen, bis sie in die Torstraße abbiegen. Sie sind ganz nett zu mir, aber ich habe das Gefühl, sie warten nur darauf, bis sie mich loswerden. – Na, ja, wenigstens lassen mich Kata und Rina jetzt auf dem Heimweg in Ruhe. Elsbeth hat Kitty erzählt, wie sie mich schon gequält haben, und Kitty hat ihnen angedroht, sie in Streichleberwurst zu verwandeln."

„Au, ja! Lass Kitty das machen!", rief Benjamin.

„Ich weiß nicht, Benji!", sagte Nina. „Ich glaube, ich will nicht, dass Kitty auf sie losgeht. Das ändert Kata und Rina doch nicht. Sie werden nur noch wütender auf mich und warten drauf, dass sie mich mal ohne Kitty erwischen. Außerdem hat mir Jens auch schon angeboten, sie zu verdreschen. Dazu musste nicht erst Kitty in die Klasse kommen."

„Vielleicht solltest du ein Fest veranstalten und Kitty und Ruben dazu einladen. Dann kommen sie bestimmt."

„Och! – Ich kenne Ruben ja kaum …"

„Aber Kitty kommt nicht ohne ihn. Also! Was machst du? Ein Baumhausfest?"

„Hach, da kippt ja der Apfelbaum um, wenn Kitty und Ruben ins Baumhaus klettern! Allein ist Kitty schon gewaltig – aber zusammen sind sie eine Art Erdbeben!"

„Na, toll! – Wer hat schon ein Erdbeben auf 'ner Fete! – Das Baumhaus hält schon noch ein paar Leute mehr aus."

„Mich auch?", fragte Benjamin hoffnungsvoll.

„Na, ja, wenn du die Großen auch mal reden lässt!", erlaubte Nina großzügig.

10

Im Baumhaus ist Platz für zehn; auch Schiller hat nicht immer recht und Nina fasst einen Entschluss

Ninas Baumhaus schwankte bedenklich, als Ruben sich als zehnter Gast hineinzwängte. Im Innern drängten sich schon Nina, Mirjam, Elsbeth, Meike, Kitty, Christine, Inga, Jens und Benjamin eng aneinander. Kitty hatte sich erboten, sich auf das Dach zu setzen, um gleich zwei Plätze freizumachen, aber die anderen hatten diesen Edelmut lieber nicht annehmen wollen, weil ihnen das Dach nicht stabil genug erschien.

Nina war glücklich, dass auch Jens ihrer Einladung gefolgt war. Es war wohl doch auf die Dauer etwas öde geworden in seinem Anti-Mädchen-Verein.

Nina verteilte Chips und ließ eine Colaflasche die Runde machen. „Für alles andere ist es zu eng hier!“, erklärte sie. „Aber nachher gibt's bei Frau Hollenbeck Kakao und Kuchen.“

„Hoffentlich Sahnetorte für Kitty!“, rief Ruben. „Kitty braucht nämlich Sahnetorte zum Leben wie andere Leute die Luft zum Atmen!“

„O, ich glaube, es gibt nur Apfelkuchen“, bedauerte Nina.

„Aber mit Sahne.“

„Na, dann werde ich es schon überleben!“, versprach Kitty.

„Aber wir müssen noch mal über Ninas Problem sprechen. Hör mal, Ruben, was Nina eben erzählt hat.“ Kitty fasste noch einmal für Ruben Ninas Kummer mit Kata zusammen.

„Und du bist ganz sicher, dass du nicht mal die Kata-Bande oder auch nur eins von den Mädchen ganz fürchterlich geärgert hast?“, fragte Ruben.

„Konnte sie doch nicht!“, verteidigte Jens sie. „Ich habe das ja auch so ein bisschen mitgekriegt. Die sind gleich auf Nina losgegangen, als sie aus dem Krankenhaus kam. Nina ist ganz schwach und blass rumgesessen und hat vieles nicht mitmachen können. Das war für die der Grund, sie auszulachen. Und weil Nina sich nicht gewehrt hat, sind sie immer gemeiner geworden.“

„Und wenn deine Eltern mal was sagen?“, meinte Mirjam.

„Haben sie schon probiert. Es ist nur noch schlimmer geworden“, sagte Nina mutlos.

„Bei mir war es auch so“, bestätigte Elsbeth. „Da hat der Herr Habicht mal was von dem Gegifte gegen Ausländer mitgekriegt und mit den beiden geschimpft. Danach haben sie mich heimlich geschubst und getreten.“

„Und wenn du selber mit ihnen zu reden versuchst?“, schlug Meike vor. „Wir können ja in der Nähe bleiben und auf dich aufpassen!“

„Unmöglich! Das kann ich nicht. Ich kriege ja schon Bauchschmerzen, wenn ich sie nur von Weitem sehe!“

„Dann Jens?“, fragte Kitty.

„Nee, kann ich nicht“, sagte Jens. „Ich fange an zu stottern, wenn sie mich anstieren. Außerdem sind die viel schneller im Reden als ich!“

„Ich kann das auch nicht machen“, meinte Kitty. „Ich bin erst so kurz hier. Mir können sie sonst was erzählen, wie das alles angefangen hat.“

Schließlich erboten sich Christine und Inga nach einigem Zögern.

„Es kann passieren, dass sie dann auch anfangen, uns zu ärgern. Und wir hätten uns da gern rausgehalten", sagte Christine.

In diesem Augenblick rief Frau Hollenbeck von ihrer Terrasse nach Nina. Auf ihrem Wohnzimmertisch hätten sich allerhand gute Sachen angesammelt, und die wolle sie nicht ganz allein essen. Verblüfft beobachtete sie dann, wie viele Kinder aus dem Baumhaus hervorquollen und auf schwankender Leiter hinunterkletterten.

„Seh´ ich recht?“, fragte sie, als sie im Gänsemarsch auf dem schmalen Gartenweg näher kamen. „Wart ihr wirklich alle drin oder seid ihr eine Fata Morgana?“

„Ach was!“, rief Nina. „Kein Problem! Mit ein bisschen Stapeln hätten wir da noch fünf Kinder mehr reingekriegt. Es ist wirklich ein Großraum-Baumhaus!“

„Na, da bin ich aber froh, dass ich dir zu der Villa verholfen habe!“, freute sich Frau Hollenbeck. „Wenn es kälter wird, könnt ihr euch ja in meinem Hobbyraum treffen. Aber nun kommt und sucht euch einen Platz. Notfalls auf dem Teppich!“

Als alle mit Kuchen und Getränken versorgt waren, klingelte es. Frau Hollenbeck ging zur Haustür und kam gleich darauf mit Adrian zurück, der mit geheimnisvoller Miene einen dicken Briefumschlag in beiden Händen trug.

„Rate mal, was ich hier habe, Nina!“

„Eine schwarze Katze! – Sieht man doch!“, flachste Nina.

„Einen Liebesbrief von Jens: heißgeliebte Nina ...“ Weiter kam Kitty nicht. Jens hielt ihr den Mund zu.

„Ha! Das erratet ihr nie!“ Genussvoll blickte Adrian in die gespannten Gesichter und hob den offenen Umschlag hoch. Geld fiel heraus. Viele Scheine flatterten und taumelten zu Boden und den aufgeregten Kindern auf Köpfe, Beine, Hände.

Nina fasste sich zuerst. „Meine Belohnung! So viel Geld!“

Alle sprangen auf, schrien und lachten. Sie fingen die

Scheine ein, krochen unter Tische und Stühle. Frau Hollenbeck konnte gerade noch ihre Blumenvase auffangen, als der Tisch ins Wanken geriet.

Sie versuchten sich gegenseitig zu überschreien: „Mensch, Nina! – Super! – Wie viel ist denn das? – Was willst du denn damit anfangen? – Schenkst du mir so´n niedliches Papierchen?"

„Wer hat dir denn das gegeben?", wollte Nina von Adrian wissen.

„Eine Frau war bei uns und hat nach dir gefragt. Sie wollte nur den Umschlag abgeben. Sie hat gesagt, sie wäre dir sehr dankbar. Ihre kleine Tochter kann wieder schlafen, seit sie weiß, dass der Verbrecher nicht mehr frei rumläuft."

„Wollte sie mich nicht sehen?"

„Nein. Als sie gehört hat, dass ich dein Bruder bin, hat sie gesagt, dann soll ich dir den Umschlag geben. Du würdest dir sonst vielleicht zu lange überlegen, ob du das Geld auch annehmen darfst. – Aber sie will dich noch anrufen."

„Da gibt es nix zu überlegen!", rief Jens, beide Hände voller Geldscheine. „Da, Nina! Das sind elf Hunderter. Gebt mal die anderen her!"

Dreißig Scheine sammelten sich wieder im Umschlag.

„Und was machst du jetzt damit?", wollten die Kinder wissen.

„Da muss ich noch drüber nachdenken. Wahrscheinlich kaufe ich mir zuerst einen Schreibtisch, weil ich keine Lust mehr habe, die Hausaufgaben immer im Wohnzimmer zu machen. Und mit dem Rest – na ja, da fällt mir bestimmt noch eine Menge ein."

„Vielleicht eine Entwicklungshilfe für Kitty: hundert Sahnetorten!", frotzelte Jens.

Kitty hob die Hand und deutete eine Ohrfeige an.

„Ja, ja! Was sich liebt, das neckt sich!“, kommentierte Nina und übergab Adrian, der wieder nach Hause wollte, den Umschlag.

Als die Aufregung sich gelegt hatte, kam Frau Hollenbeck wieder auf das Gespräch zurück, das die Kinder vorher begonnen hatten: „Was ihr vorhin gesagt habt, dass viele Menschen immer aggressiver werden, kann schon stimmen. Ich denke, es hängt alles irgendwie zusammen: Gift in die Flüsse kippen, rücksichtslos Auto fahren, kleine Mädchen überfallen, Leute ärgern, die anders sind als die andern. Ich glaube, je mehr die Menschen sich unterhalten lassen, zum Beispiel durch das Fernsehen, desto weniger wissen sie voneinander. Alle reden von Umweltverschmutzung und denken gar nicht, dass in den Menschen selbst zuerst eine schlimme Innenweltverschmutzung da sein muss, ehe sie dann alles so kaputt machen. Und ihr meint, ihr könnt was ändern. Ihr habt ja Mut!“

„Wir können uns ja nicht hinsetzen und heulen!“, meinte Jens.

„Nein. Aber ihr dürft auch nicht gleich aufgeben. Zum Beispiel, wenn ihr mit Kata und Co. reden wollt und sie euch überhaupt nicht zuhören wollen. Ihr braucht ganz viel Geduld und müsst es immer wieder versuchen.“

„Klar!“, stimmte Jens zu. „Mit Geduld und Sahnetorte ...“ Weiter kam er nicht. Ein kräftiger Stoß von Kitty beförderte ihn von seinem Platz auf der Armlehne des Sessels unter den Esstisch.

„Wie gesagt! Was sich liebt ...“, begann Nina kichernd und fand sich unter allgemeinem Gelächter nach einem sanften Schubs von Kitty auf Jens´ Knien wieder.

Später, als die Kinder nach Hause mussten, blieben Nina, Benjamin, Kitty und Ruben noch zum Aufräumen und Geschirrspülen zurück.

Kitty stemmte einen Sessel mit einer Hand hoch. „Soll ich so was mal mit Kata machen?“, fragte sie.

„Vorsicht! Meine Lampe!“, schrie Frau Hollenbeck.

Verlegen stellte Kitty den Sessel wieder hin.

„Du bist unheimlich stark!“, bewunderte Nina sie.

„Klar! Kraft durch Masse, sagt mein großer Bruder immer!“, rief Kitty und klopfte sich vergnügt auf die Oberarmmuskeln.

„Solange ich meine Sahnetortendiät durchhalte, kann mir gar nichts passieren! – Hach, da ist ja noch ein Stück Kuchen übrig. Das Arme! Das ist ja so allein. Kann ich das haben?“

Und als Frau Hollenbeck es ihr lachend erlaubte, zog sich Kitty zwei Stühle heran und ließ sich vorsichtig auf beiden zugleich nieder. „Einer allein reicht für mich ja nicht!“, meinte sie grinsend und biss in den Kuchen.

„Du bist einfach toll, Kitty!“, sagte Nina. „Wie bringst du das nur fertig, dauernd über dich selbst zu lachen?“

Auf einmal war es, als hätte jemand das Licht in Kittys Gesicht ausgeschaltet. Kittys Hand mit dem Kuchenstück sank auf den Teller. Eine ganz neue, fremde Kitty antwortete mit todtrauriger Stimme: „Vielleicht muss man genug über sich geweint haben!“

„Du, Kitty?“, Nina rückte ein Stück näher zu ihr.

„Ja, meint ihr denn, es macht Spaß, so fett zu sein? Dauernd die gemeinen Bemerkungen über mich zu hören? In alle Kleider nicht reinzupassen, die mir gefallen? – Ich habe alles versucht: eine Woche lang nur Sprudel getrunken und keinen Bissen gegessen, jahrelang nichts Süßes auch nur angesehen, wochenlang von Jogurt gelebt ... Nichts hat geholfen. Das ging immer drei Kilo runter und vier wieder rauf. Und kein Mensch ist nett zu einem Kind, das zu groß und zu dick ist. Da muss man schon so ein niedliches

Püppchen sein wie Nina. Schlank, klein, große Augen, ein Gesicht wie´n Weihnachtsengel und dazu das lange blonde Haar – da sind doch die Erwachsenen total hin!"

„Ha, ha! – Ein Weihnachtsengel mit Sommersprossen, Ringen unter den Augen, Spinnenbeinen und 'ner kaputten Speiseröhre!", versuchte Nina zu witzeln.

„Ach, was! – Die sehen doch, was sie sehen wollen. Und an jemandem, der dick ist, ist eben alles hässlich! – Ich möchte alle Spiegel kaputtschlagen!"

Ruben legte den Arm um seine Schwester. Auch Benjamin näherte sich voller Mitgefühl. „Du bist ja gar nicht dick! Bloß bisschen vollschlank!", versuchte er zu trösten.

Kitty lächelte ihn an. „Einen netten kleinen Bruder hast du, Nina! Bin ich froh, dass ich bloß vollschlank bin!"

„Ich bin nicht klein. Ich bin einssiebenunddreißig!", erklärte Benjamin würdevoll. Kitty lachte trotz ihres Kummers: „Entschuldige, Benjamin! Klar bist du groß! – Wenn alle Großen so wären wie du, dann müsste ich auch nicht lachen, wenn mir zum Weinen zumute ist. – Das habe ich mir angewöhnt", wandte sie sich an ihren übrigen Zuhörerkreis. „Die meisten freuen sich doch halbtot, wenn sie merken, wie schön sie einen beleidigen können. Da lach´ ich lieber schon vorher über mich. Dann fällt ihnen nichts mehr ein!"

Nina war immer noch fassungslos. Kitty, die starke, strahlende Kitty, die Riesin, vor deren Anblick die Spötter sich schön auf Abstand hielten, war verletzlich und traurig wie sie selbst!

An diesem Abend hatte sie vor dem Einschlafen viel nachzudenken.

Am nächsten Tag wollte Herr Habicht in der Deutschstunde die jährliche Maiwanderung planen.

„Wer hat da Juliwanderung gemurmelt?", fragte er amüsiert. „Keiner, natürlich. Ich weiß. Da wird schon im April die Maiwanderung geplant, und dann ist das Wetter nicht gut ..." –

„Und wenn´s gut ist, ist es nicht gut genug ...", ergänzte Jens.

„Ja, und dann wird´s Juni, und es ist knallheiß, und jeden Tag heißt es, das bleibt aber nicht so, und am ersten Tag im Juli, an dem es regnet, ziehen dann alle los ..." Nina war kaum noch aufzuhalten.

„Mann, ist die doof!", rief Rina in den fröhlichen Beifall der Klasse hinein, konnte aber damit nicht einmal bei Herrn Habicht Punkte für sich sammeln, der in komischer Verzweiflung die Schultern hochzog und die Hände vor die Ohren hielt:

„Ogottogott, Nina! Hast du aber eine Meinung von den genialen Ausflugsplanungen deiner Lehrer!"

„Die sind auch genial!", jubelte Nina. „Wenn wir dann triefnass durch den Morast auf irgend so´n blöden Berg geschlurft sind, erklärt uns der Lehrer die Aussicht, die wir gehabt hätten, wenn nicht alles so vernebelt wäre!"

Herr Habicht versprach lachend, der Maiausflug werde dieses Jahr ganz sicher im Mai stattfinden, wenn der Wetterbericht nur einige Hoffnung auf gutes Wetter machte. „Ich schlage vor, wir wandern nach Neckarweislingen, steigen dann auf die Weislinger Höhe ..."

Missmutiges Gemurmel über die lange Wanderung unterbrach ihn:

„Buh! – Wandern! – Iiii! Zwanzig Kilometer latschen!", und von hinten giftete Kata: „Das schafft die Kitty nie mit ihren zwei Zentnern!"

„Kata!", rief Herr Habicht. „Wenn ich noch einmal so eine Bemerkung von dir höre ..."

Aber Kitty lachte nur. „Ich kann ja kullern! Da bin ich schneller als alle anderen!"

„Könnten wir nicht wieder die Pferdewagen vom Bauern Appeldorn mieten und damit losfahren, wie letztes Jahr?", fragte Nina, und: „Au ja! Au ja! Die Pferdewagen!", stimmten die anderen begeistert zu.

„Das geht leider nicht", erklärte Herr Habicht. „Für dieses Jahr ist für alle sechsten Klassen eine Fahrt zu einer Freilichtbühne vorgesehen, und weil die eine Menge kostet, darf für den Maiausflug nichts mehr von den Eltern kassiert werden. Und unsere Klassenkasse ist ziemlich leer. Was sagt unser Kassenwart dazu? Michael?"

„Mist!", schimpfte Micha. „Wir haben sechsundneunzig Euro. Und die Pferdewagen haben letztes Jahr dreihundert gekostet."

„Schade", sagte Herr Habicht. „Ich schlage vor, bis morgen denkt ihr euch Ausflugsziele in der Nähe aus, dann stimmen wir darüber ab. Jetzt müssen wir uns Schillers Gedicht ‚Die Bürgschaft' weiter ansehen."

Ein großartiges Gedicht, fand Nina. Da war ein Freund sogar bereit, für den anderen zu sterben, und zuletzt war der grausame König, der die beiden auf eine harte Probe gestellt hatte, so gerührt, dass er um die Freundschaft der beiden bat. – Wenn also zum Beispiel Kata und ihre Bande Nina und Kitty jahrelang schikanierten, und sie das tapfer ertrugen, würde Kata ihr Unrecht einsehen, und …

„Glaubst du wirklich", flüsterte sie Kitty zu, „das alte Ekel wär auf einmal ein guter Freund für die beiden andern geworden? Und meinst du, die haben sich gefreut?"

„Der Habicht glaubt das!"

„Der Habicht spinnt!", entschied Nina. „Aber der Schiller hat das auch geglaubt."

„Schiller spinnt auch!", behauptete Kitty.

„Ach Kitty, könntest du uns vielleicht mal wiederholen,

was euch da Kluges zu dem Gedicht eingefallen ist?", forderte Herr Habicht.

Kitty wurde rot und setzte vergeblich zum Sprechen an.

Nina sprang auf. „Entschuldigung, Herr Habicht. Ich weiß, das gehört jetzt nicht hierher, aber Schillers Gedicht von der Freundschaft hat mich da irgendwie drauf gebracht. Ich weiß jetzt, wie wir unseren Pferdewagenausflug doch machen können. Ich stifte das Geld, das noch fehlt! Von meiner Belohnung!"

Falls Herr Habicht noch Zweifel an Ninas Gespräch mit Kitty gehabt hatte, so kam er nicht mehr dazu, sie zu äußern. Das Jubelgebrüll der Klasse schwemmte jeden anderen Gedanken beiseite. Für den Rest der Stunde war Schiller vergessen.

Auch nach der Schule war die Freude noch groß, und einige Kinder dachten sogar daran, sich bei Nina zu bedanken.

Glücklich und voller Hoffnung, dass nun alles wieder gut werden könnte, schloss sie sich auf dem Heimweg Kitty und Ruben an. Kitty erzählte von der Deutschstunde.

„Alle Achtung! Nina! Das nennt man Geistesgegenwart! Da hast du Kitty ganz schön aus der Patsche geholfen!"

„Ich hab mich schon über einer endlosen Strafarbeit schwitzen sehen!", ergänzte Kitty.

Dann musste Nina vom letztjährigen Ausflug erzählen, und Ruben bedauerte, dass er nicht auch in Ninas Klasse war.

An der Torstraße verabschiedeten sich die Zwillinge, und Nina setzte leichten Herzens ihren Weg fort.

Als sie in den schmalen Heckenweg eingebogen war, der den Weg von der großen Durchgangsstraße zum Ahornweg abkürzte, lehnten dort Kata, Rina und Gaby auf ihren Fahrrädern. Sie taten, als sei Nina Luft für sie, und redeten laut miteinander: „So Leute, die sich dauernd aufspielen, sollte man mal über den Haufen fahren." – „Ja, so fiese Streber, die immer um die Lehrer rumschleimen." – „Der Habicht will doch selber Pferdewagen fahren!" – „Klar, das ist dem bestimmt ein paar Einser wert. Da braucht die Strebsau bis zu den Sommerferien nix mehr zu lernen!"

„Braucht die ja sowieso nicht. Da rennen ihre Eltern einfach in die Schule und behaupten, sie wäre krank." – „Oder sie macht einfach ein Gesicht wie 'ne Wasserleiche, damit alle vor Mitleid heulen!"

Nina klopfte das Herz bis zum Hals. Sollte sie umkehren? Das würde nichts nützen. Sie waren schneller mit den Fahrrädern. Schweigend versuchte sie vorwärts zu gehen. Aber mit höhnischen Mienen verschoben die drei ihre Fahrräder so, dass für Nina kein Durchkommen war.

Sie versuchte ihrer Stimme einen festen Klang zu geben: „Lasst mich mal vorbei, bitte."

„Ist hier jemand?", fragte Kata mit einem Blick, als sei Nina durchsichtig.

„Ich glaube, hier hat wer gequakt!", sagte Gaby und bewegte ihr Fahrrad auf Nina zu. Nina wich zurück. Mit wenigen Schritten hatte sie die große Straße wieder erreicht. Sie würde einen Umweg machen müssen, um nach Hause zu kommen.

Im nächsten Moment war sie wieder von den dreien umringt.

„Ach, da ist ja das Ninaleinchen!", wunderte sich Rina. „Dürfen wir das arme kranke Häschen nach Hause begleiten?"

„Danke", sagte Nina mit zitternder Stimme. „Ich kann ganz gut allein nach Hause gehen."

„Wir möchten aber so gerne auf dich aufpassen!", erklärte Kata mit süßer Stimme und streifte Ninas Bein mit dem

Vorderrad. Nina stolperte, konnte sich aber gerade noch abfangen. Ihre Angst wuchs. Nur nichts anmerken lassen! Sie richtete ihre Blicke starr geradeaus und bewegte sich voran wie in einem bösen Traum. Nun musste sie rechts abbiegen. Aber wieder versperrten die drei ihr mit den Fahrrädern den Weg.

„Lasst mich durch, ich muss nach Hause!“

„O, Ninaleinchen will zur Mami. Was ist denn los? Ist hier jemand, der sie nicht zur Mama lässt?“, fragte Rina und sah sich nach allen Seiten um. Diesen Moment benützte Nina, um zwischen Rina und Kata durchzubrechen und in den Birkenweg hineinzurennen. So blind war sie von den aufsteigenden Tränen, dass sie Frau Hollenbeck gar nicht bemerkte. Einen Augenblick versank ihr Gesicht in dem lavendelduftenden, blauweißen Kleiderstoff, und warm und fest schlangen sich die Arme der freundlichen alten Frau um sie.

„Na, Ninakind! Wo brennt´s denn so, dass du mich umrennen musst?“, fragte sie. „Waren die drei, die da gerade um die Ecke flitzten, etwa frech zu dir?“

„Och!“, sagte Nina. „Das sind die Typen aus meiner Klasse, die zu jedem gemein sind, der nicht so ist wie sie. Aber ich werde schon mit ihnen fertig!“

Auf keinen Fall sollte Frau Hollenbeck den Eltern etwas sagen!

„Meinst du? Das sah mir aber gar nicht danach aus! – Sind das die, mit denen die anderen Kinder reden wollten?“

„Ja, ja! Es ist auch schon viel besser geworden!“, versicherte Nina hastig, obgleich sie wusste, dass Christine und Inga noch nicht den Mut gefunden hatten, die beiden anzusprechen.

Am nächsten Tag begleitete sie Kitty und Ruben in die Torstraße und gelangte auf einem Umweg nach Hause. Das ging zwei Tage lang gut; dann hatte die Kata-Bande auch diesen Schleichweg aufgespürt.

In der Schule hielten sie sich zwar zurück und beschränkten sich darauf, Nina hin und wieder ganz unauffällig den Weg zu versperren oder „ganz zufällig“ ein Bein vorzustrecken, wenn sie an einer von ihnen vorbei wollte. Auch Annika tat das jetzt manchmal; ob gezwungen, oder weil es ihr Spaß zu machen begann, wagte Nina nicht zu entscheiden.

Da Jens und Kitty deutlich zeigten, dass sie Nina gern mochten, und sicher das Verbot von Katas Vater noch nachwirkte, konnte sich Nina in der Schule einigermaßen sicher fühlen. Außerdem hatte die Bande dort genügend Auswahl an anderen Kindern, die sie wegen irgendeiner Auffälligkeit oder Schwäche peinigen konnten.

Aber der tägliche Heimweg wurde zum Albtraum. Hinter irgendeiner Ecke tauchten unweigerlich Kata, Rina und Gaby auf, umringten Nina, hinderten sie am Vorangehen und jagten ihr durch ihre drohenden Reden Angst ein.

Als der Kinderarzt sie das nächste Mal untersuchte, wunderte er sich. „Sie hat wieder abgenommen!“, sagte er vorwurfsvoll zu ihrer Mutter. „Sechsundzwanzig Kilo wiegt sie nur noch! So viel wiegen Siebenjährige! – Dabei gibt es keinen Anhaltspunkt mehr für eine Entzündung in der Speiseröhre. Aber natürlich ist die arg mitgenommen und krampft noch nach jedem Essen. Das wird auch noch eine Weile so bleiben. Aber Sie sagten ja, sie hat wieder Schmerzen ...“

„Können solche Schmerzen auch seelische Ursachen haben?“, fragte Ninas Mutter und erzählte, was sie von Ninas Kummer mit der verlorenen Freundschaft und den Quälereien der Kata-Bande wusste. „Aber das ist ja nun auch besser geworden, seit wir mit den Eltern geredet haben.“

Da brach es plötzlich aus Nina heraus: „Besser? – Gar

nichts ist besser geworden. Die sind ja so gemein ... so gemein ..."

Sie schluchzte und konnte nicht weitersprechen.

Erst nach längerem, geduldigem Zureden ihrer Mutter und Dr. Michels konnte Nina alles erzählen.

„Die Sache sieht mir sehr verfahren aus", meinte Dr. Michel. „Es würde wahrscheinlich nichts nützen, die Eltern dieser Kinder noch einmal anzusprechen. Die Kinder werden ausgeschimpft, statt darüber aufgeklärt, wie sich ein schwächeres Kind fühlt. Dann sehen sie Nina als die Ursache dieses Ärgers an und quälen sie auf noch hinterhältigere Weise weiter. – Nina braucht jetzt Ruhe und Freude am Leben, um wieder ganz zu Kräften zu kommen. – Wie wär´s mit einem Schulwechsel? Ich kenne da eine Schule mit ganz kleinen Klassen, die besondere Rücksicht nimmt auf ..."

„Nein!", sagte Nina. „Ich gehe nicht weg. Sonst hacken sie auf Elsbeth allein herum, weil sie aus Ungarn kommt."

„Schön, dass du Elsbeth nicht im Stich lassen willst. Aber wir müssen jetzt zuerst an deine Gesundheit denken."

Nina begann wieder zu weinen. „Ich will aber nicht in eine andere Schule. Wer weiß, was es da wieder für Ekel in der Klasse gibt!"

Aber alle ihre Einwände halfen nichts. Zu Hause hatten ihre Eltern ein langes Gespräch miteinander. Dann führten sie ein paar Telefongespräche, ohne Nina ins Vertrauen zu ziehen, und teilten ihr schließlich mit, dass sie vom Beginn der nächsten Woche an in die Hölderlinschule gehen werde. Der neue Klassenlehrer sei sehr hilfsbereit und wolle die Klasse so auf Nina vorbereiten, dass sie nichts zu befürchten habe. Übrigens gäbe es in der Klasse schon ein behindertes Kind, das von den Mitschülern liebevoll betreut werde.

Nina war fassungslos. Sie ließ ihre Eltern nur deshalb ausreden, weil sie einfach nicht genug Luft bekam, um all das herauszuschreien, was sie zu sagen hatte.

Später schloss sie sich in ihr Zimmer ein und öffnete auf kein Klopfen und Bitten ihrer Eltern.

Wie konnten sie nur! Noch nie hatten sie eine Entscheidung, die Nina betraf, nicht ausführlich mit ihr besprochen. Ja, sie waren bisher sogar stolz darauf gewesen, dass Nina selbst mitdenken wollte. Und jetzt? War sie plötzlich wieder ein Wickelkind? Waren ihre Eltern noch normal?

Am Montag! Schon am Montag sollte sie in der anderen Schule sein. Heute war Freitag. Sie fühlte sich wie gelähmt. Was würde sein? Fremde Kinder, wieder neue, hämische Blicke und Bemerkungen?

Später, als Adrian nach Hause kam, ließ sie ihn auf seine Bitten in ihr Zimmer und beklagte sich bitter über ihre Eltern. „Das können sie doch nicht machen! Ich will nun einmal nicht in eine andere Schule!“

„Willst du denn weiter den ganzen Vormittag die bösen Blicke aushalten? Und jedes Mal auf dem Heimweg Angst haben? – Ich könnte dich zwar von der Schule abholen …“

„Das würde nichts nützen. Dann lauern sie darauf, dass du mich eines Tages nicht mehr abholst. – Und aushalten kann man das eigentlich überhaupt nicht. Ich kriege Schmerzen im Rücken. Ich spüre das richtig, wie sie mich giftig anstarren. Ich krieg manchmal gar nichts mehr vom Unterricht mit …“

„Siehst du, Nina! Und gesund werden kannst du so auch nicht. Jetzt haben dir unsere Eltern eine Entscheidung abgenommen. Abgenommen, Nina! Eine Last von dir genommen. Weil Eltern ja nicht nur dazu da sind, ihre Kinder zur Selbstständigkeit zu erziehen, sondern auch, um die Verantwortung zu übernehmen, wenn ein Kind nicht mehr weiter weiß.“

„Mann! Was du für´n Blabla schwallst! Hast du eine Erziehungszeitschrift auswendig gelernt?“

Adrian ließ sich nicht aus der Ruhe bringen. „Du weißt ganz gut, was ich meine!“, sagte er abschließend.

In der nächsten Nacht lag Nina bis zwei Uhr wach. Da half kein Baldriantee, den ihre Mutter ihr nach einem längeren Wortgefecht schließlich bringen durfte.

So übermüdet könne sie morgens nicht zur Schule gehen, entschieden ihre Eltern.

Gut!, dachte Nina grimmig. So lässt sich das eine ganze Weile durchhalten. Nachts einfach nicht einschlafen. Dann können die im Hölderlingymnasium lange auf mich warten!

Das Wochenende verlief in gedrückter Stimmung. Nina begriff, dass es nicht viel anders würde, ob sie sich nun am Montag oder erst am Mittwoch der neuen Klasse auslieferte. Und vielleicht hatten ihre Eltern ja recht und alles wurde gut. Aber das war noch lange kein Grund, sie herumzukommandieren!

Es kam die Nacht zum Montag. Nina war sicher, bis zum Morgen Schäfchen zählen zu müssen.

Vielleicht half es, sich so richtig deutlich das boshafte Gelächter von Kata, Rina und Annika vorzustellen. Und das Entsetzen, wenn sie plötzlich wieder irgendwo vor ihr auftauchten mit diesem grausamen Zug in den Gesichtern. Das würde vorbei sein. Ein Bus würde Nina in die große Stadt, fast bis zum Eingang der neuen Schule, bringen.

Andere Menschen hatten auch in ihrem Leben immer wieder neu anfangen müssen. Frau Hollenbeck zum Beispiel. Nina holte die kleinen weißen Knöpfe aus ihrer Schatzkiste und nahm sie ganz fest in die Hand. Wie war das wohl damals gewesen, als Frau Hollenbeck nach dem Tod ihres Verlobten die Hochzeitskleid-Knöpfe wieder in den Nähkasten zurücklegte? Hatte sie gedacht, dass für sie etwas je wieder gut werden könnte? Aber es war nicht alles zu Ende gewesen.

Andere Menschen waren ihr begegnet, die sie lieb haben konnte.

Morgen würde Nina in der neuen Klasse sitzen. Vielleicht lernte sie ja dort schon morgen die neue Freundin kennen, die sie sich so sehr wünschte.

Die kleinen Knöpfe wurden warm in ihrer Hand; ihr war, als ginge eine Kraft von ihnen aus, die ihren ganzen Körper wärmte.

Und wenn das Neue nicht eine neue Klasse, sondern eine ganz neue, ganz andere Nina wäre?

Das geht nicht, wehrte sie sich sofort. Ich habe viel zu viel Angst. Ich bin noch nicht gesund. Ich habe keine Kraft. Und sowieso – es ist unmöglich. Niemand kann über Nacht aufhören, Angst zu haben.

Und wenn doch?

Jens würde traurig sein, wenn Nina nicht wiederkam. Zwar musste sie Elsbeth mit Meike und Kitty mit Ruben teilen. Aber Meike war nicht wortgewandt genug, um Elsbeth zu verteidigen, und Ruben würde vielleicht eines Tages in seiner Klasse einen Freund finden ...

Und wenn ich die bösen Blicke nicht mehr so wichtig nehme? Vorbeigehen, als wären sie nicht da ... Wahrscheinlich kann ich es doch. Jetzt, wo ich weiß, dass ich nicht muss. Jetzt, wo ich weiß, dass ich einfach ins Hölderlingymnasium gehen könnte.

Und wenn Mama und Papa sich wegen meines Gewichts aufregen, dann werde ich eben jetzt zwischen den Mahlzeiten noch mal etwas zu essen versuchen. Ich zwing mich dazu. Das muss einfach gehen. Sogar von dem blöden Eiweißschlabber könnte ich doch jedes Mal einen oder zwei Löffel mehr runterwürgen, und wenn der auch noch so scheußlich nach Tapetenkleister schmeckt ...

Ich werde zunehmen. Dann kriege ich mehr Kraft. Dann halte ich die Glotzerei auch besser aus. Und wenn die Kata-Bande glaubt, ich hätte keine Angst mehr, langweilt sie sich und hört irgendwann damit auf.

Kleine, warme Knöpfchen in meiner Hand ...

Die Dornen stechen nicht mehr, wenn der Prinz kommt, der keine Angst hat ...

Ohne es zu merken, war Nina sanft in den Schlaf geglitten. Sie wachte davon auf, dass ihr Vater ihr über das Haar strich.

„Aufwachen, Nina! Guten Morgen! – Die neue Schule wartet!"

Sofort war Nina hellwach und setzte sich im Bett auf.

„Papa!", sagte sie ernst. „Die neue Schule kann warten. Ich möchte es hier noch einmal versuchen. Da gibt es ein paar Kinder, die mich brauchen, und ich glaube, ich brauche sie auch. Und ich will versuchen, die Kata-Bande auszuhalten. Ich verspreche dir auch, massenhaft Sahne mit Eiweißpampe zusätzlich zu den Mahlzeiten zu schlucken – ohne Geschimpfe und Gemecker. – Und wenn das alles nicht hilft, kann ich ja immer noch ins Hölderlin gehen."

Nina musste wohl sehr überzeugend gewirkt haben, denn nach einer kurzen Besprechung erklärten sich ihre Eltern bereit, alles noch einmal rückgängig zu machen.

„Die werden sich wundern, wenn du wiederkommst!", sagte Mama und erbot sich, beide Schulen anzurufen, während Nina Haferflockenbrei mit viel Sahne in sich hineinschaufelte.

Da läutete das Telefon.

„Das ist für mich. Das spüre ich!", rief Nina und sauste zum Telefon.

„Hallo, Nina!", sagte Jens. Seine Stimme war ganz rau. „Bin ich froh, dass du noch nicht weg bist. Ich wollte dir doch einen guten Anfang in der neuen Schule wünschen. Frau Weller hat uns am Freitag gesagt, du gehst weg. Sie hat nicht gesagt, warum, aber wir können es uns schon denken. – Ich wollte dich die ganze Zeit schon anrufen, aber ich wusste nicht recht …"

„Ich geh gar nicht weg! Ich geh nicht, Jens! Ich komme gleich. Wartest du im Schulhof auf mich?"

„Nina! – Ach Nina! – Ist das wahr? – Wirklich wahr? – Du, ich freu mich so! – Aber jetzt muss ich ganz schnell Kitty anrufen. Die will die Kata-Bande nämlich heute platt walzen! – Und dann muss ich Kitty auch noch sagen, dass sie dich vor Freude nicht tot drücken soll, wenn sie dich nachher sieht!"